アメリカの沖縄侵略・植民地支配と日本政府・本土日本人の沖縄差別

武田博雅

創風社出版

アメリカの沖縄侵略・植民地支配と
日本政府・本土日本人の沖縄差別

目次

アメリカの沖縄侵略・植民地支配と日本政府・本土日本人の沖縄差別

はじめに

①本文中、人の名前の敬称は略させてもらいました。

②本文中の…印は、全て武田が付けたものです。

1

沖縄の在日米軍基地問題、普天間基地の辺野古移設問題について、私は二〇一三年に初めて沖縄を訪ねて以降、次のような考えを新聞に投書したり、パンフレットを作って憲法九条を守る会の集会などで配ってきた。

沖縄の米軍基地は無くしていかねばならない。このことは、本土に住む日本人の人間としての責務である。

①基本的人権の保障——沖縄に在日米軍基地が集中して存在することで、米軍機の墜落、アメリカ兵による殺人・婦女暴行、環境破壊などが頻発し、県民の生命が奪われ、人権・尊厳がふみにじられてきた。国土面積のたった〇・六%の沖縄に、在日米軍基地の七〇・六%(二〇一五

年以前は七三・八％）が存在する。一方、国土面積の九九・四％を占める本土（一都・一道・二府・四十二県）には、在日米軍基地のわずか二九・四％（同、二六・二％）が存在するばかりである。住民一人当たりの基地面積負担率は、沖縄県民は本土住民の二〇九倍（同、二四五倍）になっている。沖縄県民に二〇〇倍を超える米軍基地負担を押し付けていることは、日本国憲法に定める「法の下の平等」に著しく反する。この差別は許されない。沖縄の米軍基地は無くしていかねばならないのであって、新基地建設は絶対に許されない。新米軍基地の建設は、憲法、近代民主政治の基本原理である法の支配に反する。

アメリカ海兵隊の航空基地・普天間基地は、およそ市民十万人が住む宜野湾市の真ん中に、市面積の三九％を占めて、世界一危険な基地、飛行場と言われる。子供達は防音ガラスの教室で授業を受け、米軍機が飛来すればシェルターに避難する生活を強いられている。その子供達を気づかい、自らも四六時中《しろくじちゅう》生命の危険におびえながら過ごしている沖縄県民に心を寄せなくてはならない。大田昌秀元知事は、「日本の国民が…何らの負担を担おうとせず弱い立場に置かれている人々に押しつけようとしている事態は非民主的であるばかりでなく、非人間的生き方である。」と言っている。世界一危険な普天間基地は、一刻も早く使用を停止させ、返還させねばならない。

②民主主義（国民主権主義）――普天間基地の辺野古移設に反対する人は、「沖縄県民投票

（二〇一九）で七二％、全国世論調査（二〇一八）で朝日新聞六〇％、毎日新聞五六％」と県・全国とも過半数を超えている。政府が世論を無視して辺野古を埋め立てることは、国民主権主義を三大基本原則の一つとして掲げる日本国憲法に反し、許されない。〔共同通信の全国電話調査（二〇二二年九月）では、移設反対を訴えた玉城デニー知事が再選したにもかかわらず移設を進める政府の姿勢を「支持しないが五七・一％」、「支持するが三四・二％」である。〕

③平和主義――憲法は戦争の放棄を掲げ、第九条で戦力の不保持を規定している。「日米安保条約による米軍駐留は戦力の保持に該当し違憲」とする判決（一九五九年、砂川事件東京地裁・伊達判決）が出ると、岸信介自民党内閣はアメリカの内政干渉に応じて跳躍上告し、田中耕太郎を長官とする最高裁判所大法廷は一審判決を破棄した。後に、アメリカの情報公開で、「伊達判決が出ると、マッカーサー駐日大使は田中長官と密会し、田中長官は大使に砂川事件を優先審議する方針を伝えていた」ことが判明した。安倍晋三自民・公明連立内閣の集団的自衛権の容認（二〇一四）、安全保障法（戦争法）の制定（二〇一五）によって、日米安保条約でアメリカと軍事同盟を結ぶ日本は、アメリカと共に戦争するようになる。米軍戦力（米軍基地）の存続・拡大は絶対に許されない。

④環境保護――辺野古はジュゴンをはじめ絶滅危惧種二六二種を含む五三〇〇種類以上の海洋生物が生息する限りなく貴重な海である。世界自然遺産にふさわしい、宝の海を埋め立てる

ことは絶対に許されない。

⑤反戦、平和の沖縄――沖縄戦とそれにつづくアメリカの植民地支配で生命を奪われ、人権・尊厳をふみにじられてきた沖縄県民、平和と沖縄を愛する県民の心を抉《えぐ》る、戦争のための米軍基地建設は、絶対に許されない。

⑥税金（沖縄県民・国民納入）の使途――何から考えても、してはならない辺野古埋め立て、新米軍基地建設に、沖縄県の試算で二兆五五〇〇億円の血税（軟弱地盤の存在による設計変更でさらに増大）を投入すること、絶対に許してはならない。してはならない先の侵略戦争の八年間（一九三七年の日中戦争開始～一九四五年の敗戦）の戦費は七五五五八億円であった。一九四五年の政府財政の経常支出は戦時中最大の七四億円弱であったから、平時財政の一〇〇年分以上をつぎ込んだことになる。(注1) 私には、辺野古の埋め立ては、日本の侵略戦争に重なって見える。してはならないことをすれば、その結果は悲惨なことになるのは決まっている。侵略戦争の結果（加害・被害）を見るまでもなく、辺野古埋め立ては取り返しのつかない無残な結果になる。人が為《な》すことは全て、元にかえすことが出来ない。時間が逆に進むことは、ありえないから。政府は小泉・安倍内閣から強行する辺野古米軍基地建設を即時中止・撤回し、普天間基地の無条件返還・撤去を実現しなければならない。沖縄差別をつづけてきた本土の日本人は反省し、沖縄の米軍基地を無くすための実効ある行動を起こさねばならない。

2

沖縄県民投票、全国世論調査で、普天間基地の辺野古移設反対の意見が過半数を占めるのに、政府が移設を強行すること、これは政治の問題である。日本は民主主義国家だと普通言われる（最近の民主主義対専制主義という言い方で、アメリカや日本はロシアや中国の専制主義に対して民主主義国家だと言っている）。民主主義（Democracy）の語源は、ギリシア語の「Democratia《デモクラチア》」である。デモクラチアはデモス（demos）（人民・民衆）とクラチア（kratia）（支配・権力）という言葉が合わさって出来ている。現在、「主権」とは国家権力（統治権）を意味し、また政治のあり方を決める最高の権力（最終意思決定権）、国家権力の最高独立性（国家がどこにも隷属せず対外的に独立していること）を意味する。デモクラシーとは人民が主権をもつこと、人民が最終意思決定をするということである。

日本国憲法はＧＨＱ（連合国軍最高司令官総司令部――連合国の対日占領機構）が速成で草案を作ったからというより、草案起草者が代議制を民主制・国民主権と認識していたから、国民主権を三大基本原理の一つとして書き込んだ（前文「…ここに主権が国民に存することを宣言し、この憲法を確定する」)のであろうが、実際は国民主権主義の憲法になっていない。第一条〔天皇の地位・国民主権〕「天皇は、日本国の象徴であり日本国民統合の象徴であって、この地位は、主権の存する日本国民の総意に基く。」とあって、天皇の地位については国民主権主義を規定している。ところが国民主権の規定は、まず前文でくつがえされる。「…。そもそも国政は、国民の厳粛な信託によるものであって、その権威は国民に由来し、その権力は国民の代表者がこれを行使し…(前文)」、また第四一条で「国会は国権の最高機関であって、国の唯一の立法機関である。」、第四二条「国会は衆議院及び参議院の両議院でこれを構成する。」、第四三条「両議院は、全国民を代表する選挙された議員でそれを組織する。」と規定し、国会から生まれる内閣に関して第六五条「行政権は内閣に属する。」と定め、国民主権ではなく議員主権、議会主権を定めている。このように代議制は議員主権となり、国民主権の真の意味での民主政治とは本源的に乖離《かいり》する。

代議制ではなく直接民主制をとるスイスで、国論を二分する普天間基地の辺野古移設のような問題が起きたとしたら、どのようになるのだろうか。スイスは二三のカントン(州)からなる連邦制国家で、カントンの自治権を憲法に明記している。主権は各カントンに属し、それぞれが国有の憲法、立法・行政・司法の各機関をもっている。特定の問題については各地方ないし国家レベルで行われる国民投票でつねに統一的見解が示されるから、辺野古移設問題も国民投票にかけられ、移設反対・普天間基地撤去になるはずである。条約（安保条約）の改廃も国民投票で決まる（スイスは永世中立国で、軍事同盟条約はもとより無い）。

代議制は民主制ではなく、専制政治（独裁政治）につながる。独裁政治は人権無視の、法の支配、人道にそむく政治になってくる。ヒトラー独裁ドイツによる欧州侵略戦争・ユダヤ人虐殺、軍部・官僚独裁日本によるアジア・太平洋戦争、現在のプーチン独裁ロシアによるウクライナ侵略戦争、共産党独裁中国の香港市民・ウィグル族弾圧など、その例は枚挙にいとまない。

議院内閣制をとる日本でも、選挙で国会の議席の過半数をとれば、内閣は憲法改正の発議以外、法律の制定、条約の締結など何でも可能である。一九九五年、沖縄の反米軍基地運動高揚以降の内閣で、小泉、安倍自公連立内閣は選挙に強く国会で強力な地盤を築いて、安倍政権は「独裁」と指摘された。独裁政治は人権無視、法の支配、人道にそむく政治に陥るが、してはならない新米軍基地建設のため、小泉首相は建設地を独断で辺野古に決め、安倍首相は二〇一〇年の知事選挙で普天間基地の県外移設を公約して当選した自民党知事に辺野古埋め立て承認申請を出した（二〇一三年三月↓同年一二月知事は埋め立てを承認）。埋め立て申請が出された直後に実施された全国世論調査で、「この申請を評価するが五五・五％」を占めたという新聞記事が出た時、私は辺野古の埋め立て反対坐り込みテントを訪ねていた。テントの中で私は、「本土の人は、沖縄のことを本当に分かっているのだろうか？」という何とも言えない声を聞いた。正直、その時、私も沖縄のことを分かっていなかった。学生時代から五〇年来の沖縄の友人をもち、また三〇余年、「歴史」、「政治・経済」を教えてきた社会科担当の教員であった私は、沖縄のことを何も分かっていなかった。

二〇一三年三月には「埋め立て申請を評価するが五五・五％」であったのに、二〇二二年九月には「移設を進める政府の姿勢を支持しないが五七・一％」になっている。これは、本土の国民で沖縄を知る人が増えてきたからである。私が愛媛県憲法集会で、沖縄の米軍基地問題について書いたプリントを配布し始めた頃（二〇一三年）は、プリントを取ろうとする人はほとんどいなかった。「米軍基地のことはよく分からない」と質問されたこともあった。ところが次第に、「辺野古埋め立て反対」の運動団体もふえ、最近はきびしい政府批判をする人も出てきた。人は知ることによって、行動も変わってくる。してはならない辺野古移設を強行する自民・公明連立内閣は、先の日本の侵略戦争と同じく、何であんな愚かなことをしたのかと非難されることは目に見えている。埋め立てを続ける安倍、菅、岸田内閣だけでなく、埋め立てを許している本土の国民も厳しく批判されるのは間違いない。

一九九五年、米軍基地を無くせよという沖縄県民の反米軍基地運動に対して橋本内閣は翌年、米軍基地の返還には基地機能の県内移設を条件とする日米合意（サコ合意）を結んだ。敗戦後、アメリカの日本占領期、サンフランシスコ講和条約の発効で本土が主権を回復した後も、日本の保守・自民党内閣は対アメリカ外交で従属、不当、屈辱の、後に禍根を残す外交を続けた。日本政府の沖縄に関わる外交は、後でくわしく書くが、アメリカの不条理な要求に、さらにおまけを付けて応じる、おそろしい沖縄差別をもとにした許しがたい外交である。一九九六年のサコ合意も同じである。沖縄県民の生命、人権、尊厳を守るため、政府は主権をかけ、日米安保条約の破棄も覚悟して交渉すべきであった。結局、政府は数多ある在沖米軍基地のただの一つも撤去することが出来なかった（一方でフィリピンは、一九九二年までにすべての米軍基地を撤退させている）。また、本土の日本人（私も含む）も、沖縄の運動に連帯して立ち上がり撤去を実現するまで闘うべきだった。そうしなかったのは、本土の日本人に根深い沖縄差別があったからだと思う。

近代自然法思想は、政府は人民の権利を守るためにつくられるとした。前の世紀、二〇世紀に起きた朝鮮民主主義人民共和国による日本人拉致問題を、日本政府はいまだに解決できていない。一九四五年に始まる沖縄問題も同じである。日本の政府には、国民の生命や人権を守るという意思も行動も見られない。ロックは一七世紀末すでに、「人権を守らない政府に、国民は革命を起こす権利がある」と論じている。

二〇一三年三月、辺野古の埋め立て反対坐り込みテントで現地の人が「本土の人は沖縄のことを分かっているのだろうか」と言った時、私は沖縄のこと（現状、政治、歴史、米軍基地など）

を分かっているなどとはとても言えない状態だった。沖縄に関する知識も乏しく、したがって判断する力も無かった。それまで、沖縄について真剣に学んだり、考えたことがなかったからである。

私は、一九四四年四月に愛媛県の山間の村で生まれた。小学校の同級生には父親が戦死した子がいたし、私をかわいがってくれたお婆さんの家の玄関には、「遺族の家」の標識があった。終わったはずのアジア・太平洋戦争は、常に村の内、私の身近にあった。小学四年生の頃、散髪に行った時のことだった。順番がくるのを待っていた私は、客の男の大食いの話が面白くて聞いていたら、急に話し声が低くなった。私が耳をそばだてると男は、「朝、部隊の移動中に、陰部に棒を突き込まれて死んでいる女を見た」と言った。聞いたとたん、子供ながら私は、戦争（侵略戦争）とは人を凌辱し、殺す、むごいことだと理解した。中学生の時、両親に「何故、戦争に反対しなかったのか」と聞いたら、「何も知らなかったから」と母は言った。高一の時の安保闘争は、新聞で読むだけだったが、高校を出る頃、「普通の人間である自分が考えていってどうなるのだろう、国家権力に抗《あらが》って戦争に反対することが出来るのだろうか」と心がふるえたことを覚えている。一九六三年に入学した大学時代は、アメリカのベトナム戦争を支持し、韓国の独裁政権と手を結ぶ佐藤栄作が首相の時期だった。政治の時代で、大学は正義を求める学生で満ちていた。ベトナム反戦のクラス討論が終わろうとする時、「沖縄のことを考えて」

と、沖縄出身の級友が発言した。その時、私も他の人もその発言に応じた記憶はない。

「考える」には、「言葉」が必要である。「沖縄のことを考える」には、沖縄に関わる言葉、知識が必要である。「沖縄のこと」とは、沖縄の人々、政治、経済、社会、地理、歴史、文化など、またそれらを総合したことになるであろう。一九四四年生まれの私が、一九五一年に小学校に入学して一九六七年に大学を卒業するまで、沖縄のことを学んだ記憶がない。特に多くの知識を得る高校時代に学んでない。アジア・太平洋戦争史、戦後史はなおさら、一九四五年の敗戦、一九五二年の本土主権回復から間がなく、書かれてなかったと思う。アメリカ政府も日本政府も、本土の日本人が沖縄に関心を持つことのないように、学校のみならず本土の日本社会を統制したと考えられる。アメリカ、日本両政府はそれぞれ自らに不都合なことは隠《かく》し、秘密にしようとした（「昭和天皇沖縄メッセージ」も一例である）。アメリカ政府にとって知られたくないことは広島・長崎への原爆投下、そして何より知られたくないことは沖縄の植民地支配であったはずである。日本政府にとって知られたくないことは、捨て石作戦で多くの県民を犠牲にした沖縄戦、そして何より知られたくないことは、アメリカに沖縄を割譲し、沖縄をアメリカの植民地にした事実である。

私が自分のことを書いているのは、本土の普通の日本人が、私と同じような状況、環境に置かれていたと考えるからである。私が学校で沖縄のこと（沖縄の政治、歴史、地理など）を学ばなかったのは、一九四五年四月のニミッツ布告（南西諸島における日本政府のすべての行政権を停止し軍政府を設立するとの布告）以降一九七二年の沖縄返還まで、沖縄はアメリカの完全な植民地であったからである。「日本史」は日本の歴史、「政治」は日本の政治が教科書に記述されるのであって、そこから日本でないアメリカの植民地沖縄が欠落していたのは、必然である。

私は、「沖縄のことを考えて」と言われて後、沖縄のことを知ろうとしなかったし、考えることもしなかった。一九六七年に大学を卒業すると、沖縄の友人は沖縄で就職し、私は愛媛に帰り、以降、一九七五年に教職に就くまでの八年間、時々のアルバイトで暮らす生活を送った。私は大学に入ってから教職に就くまでの一二年間、自分の頭で考えようという思いもあって、新聞、テレビ、ラジオなどのマスコミとは縁のない生活をした。帰郷して4か月、母の死を目の当たりにして私は、人の生きる意味をつかもうと哲学、宗教関係の本を、よく理解できないまま読み、ベトナム戦争や東欧の民主化運動に関心をもってはいたが、正確に言えば、生きる意味を見い出せないまま、その日暮らしの生活をしていた。沖縄のことを考えたという記憶はない。ただ、沖縄について、私は友人からくる郵便物が「日本郵便」ではなく「琉球郵便(RYUKYUS)」で、消し印の「NAHA」、ハガキ料金の「11/2C」、切手料金の「9C、51/2C」などを見るたびに、「沖縄はアメリカが統治する県」だと漠然と思った。私は、外国の軍隊が駐留する国は主権をもつものではない、独立国ではない、という考えは、早くからもっていた。一九七〇年には新安保条約廃棄闘争が起こると思い、その闘争に参加するため一人上京した。沖縄返還後、沖縄は本土と同じく安保条約の下におかれるのだから、沖縄は返還前と同じ状況が継続すると思った。

一九七五年、教員になってからは、沖縄のことを教えるために知識を得ようとした。沖縄戦や沖縄の米軍基地問題も自分なりには力を入れて教えた。ただそれは、沖縄戦や沖縄米軍基地問題の本質をとらえて、教えたものではなかったから、単なる知識の受け売りに過ぎなかった。私は、「生命、自由、人権、平和、民主主義を守り発展させる」ことが大事だと考えていた。侵略戦争・植民地支配は、それらを蹂躙するものであるから許してはならないと考え、授業に臨んだ。日本は明治維新以後、征台の役（一八七四）・江華島事件（一八七五）・日清戦争（一八九四）・台湾征服戦争（一八九五）・北清事変（一九〇〇）・日露戦争（一九〇四）・第一次世界大戦（一九一四）・シベリア出兵（一九一八）・山東出兵（一九二七）・満州事変（一九三一）・日中戦争（一九三七）・北部仏印進駐（一九四〇）・南部仏印進駐（一九四一）・太平洋戦争（一九四一）と侵略戦争に走り、苛酷な植民地支配を行った。

人間は尊い。今を生きる人（個人）は、過去、現在、未来、世界のどこにも存在しない、かけがえのない存在（実存）である。侵略戦争は領土獲得のために、このかけがえなのない人

――自衛のために闘う兵士、武器を持たない普通の人民をも殺害する。人を殺すこと自体がむごい、虐殺である。一人の人間の命を奪うことも許されないのに、日本はアジア・太平洋戦争だけでも二〇〇〇万をこえる人の命を奪っている。

日本が台湾、樺太、朝鮮、満州、アジア、太平洋州に広げた植民地支配で、植民地にされた地域の人民の生命、人権、尊厳が奪われ、ふみにじられた。日本は、朝鮮人、台湾人を徴兵して戦争に駆り立て、多くの女性を従軍慰安婦にして日本兵の性欲のはけ口にした。また、「創氏改名」を強要し、母国語（母語）を禁じて日本語を強制した。この政策は植民地の人々を皇民化し、日本語で考える人間にして、母国の文化、民族性、アイデンティティ――民族の精神、民族の心（魂）を奪うものであった。二〇〇五年に定年退職した私は、農作業を主に、時折りのアルバイトをし、時間があると日本の近代史を調べたり、小説を書いたりしていた。もう教職には就かないと決めていた私だったが、東日本大震災が起きた二〇一一年、松山市の私立高校に請われて、一年かぎりの非常勤講師として勤めることになった。その年の七月に、温泉郡砥部町で開かれた愛媛県九条の会の定期大会で、沖縄米軍基地の全面返還・撤去を目ざす大田昌秀元知事の講演を聞いて、自分も何か出来ることをしなければと思った。その年の一一月に「沖縄の痛みを分かち合おう」という題で、「日本の安全保障ため米軍基地が必要というのなら、沖縄にある基地を本土に移せ」という趣旨の投書を送ったが掲載されなかった。

二〇一三年三月、私は生まれて初めて沖縄を訪ねた。安倍首相が沖縄県に対し、辺野古埋め立て許可申請を出した時だった。私は前の年から、三月に講師の仕事終わったら、沖縄へ行って半年位は反米軍基地運動に加わりたいと思っていた（愛媛県から移住して活動している人もいた）。ところが学年末になって、後継者がいないということで講師の延長が決まった。そこで急遽の沖縄行きになった。八幡浜から臼杵へ渡り、鹿児島からフェリーで那覇へ、友人と再会した後、「空飛ぶ棺桶」の異名をもつオスプレイ用ヘリパッド（ヘリコプター離着陸帯）の新設工事を国が強行している高江、次いで埋め立て予定地の辺野古、世界一危険な基地、普天間基地のある宜野湾市を訪ねた。それぞれの地で、沖縄の米軍基地問題について学んだ。高江の林間で行われていた学習会で、対馬丸遭難事件を経験された平良啓子さん、鉄血勤皇隊に動員され米軍の捕虜になってハワイの捕虜収容所に入れられた古堅実吉さんに直接話しを聞くこともできた。高江、辺野古、普天間と足で訪ねた所には、必ず高い頑丈な、立ち入りを禁じる警告文のついた、どこまで続くのか分からない金網に囲まれた、広大な米軍基地が立ちはだかっていた。普天間では市役所横に市民広場があって、春休みで子供から老人まで色々なスポーツや遊びをしていたので見に行くと、金網のフェンスに掲げられた海兵隊の看板は「人も車も午後十一時までに立ち去ること」と警告していた。その看板の横には宜野湾市の注意書きもあって、「市民広場は米軍施設区域（米軍施設区域とは米軍基地のこと――武田）内に位置し、米軍の厚意により使用しているところです」等の文言があった。沖縄はアメリカ軍の支配する県、日本はアメリカに支配された国だと、私は初めて理解した。

私の植民地支配の認識が甘く、薄っぺらいものだと気付かされたのは、二〇一四年一月に松山市で行われた韓日高校生の共同授業に講師として参加した時だった。この授業は韓国と日本の高校生が正しい歴史認識をもとうというものだった。友好都市から三人、愛媛県から一人の高校生が参加し、また多くの人が参観に来た。私は吉田松陰、福沢諭吉の朝鮮侵略論、その本《もと》をなす朝鮮人蔑視から、日本の朝鮮侵略・植民地支配の歴史をプリント（朝鮮学校の先生による翻訳を併記）にして授業に臨んだ。授業の途中、「『近代』という言葉をどう思いますか」と私が聞いた時だった。立ち上がった韓国の高一の生徒さんは、声を震わせて言った。朝鮮の近代は日本が侵略、植民地支配した時代で、韓国の生徒さんの心を激しくゆさぶる言葉だった。私が認識していた「植民地支配」は「日本の、植民地支配」で、韓国高校生の「植民地支配」は「植民地支配をされた国（国民）の、植民地支配」だった。私は、「植民地支配」とはどういうことか、考えざるをえなかった。自分が朝鮮人・台湾人であって、母や姉や妹、女の友達が従軍慰安婦として連行されたとしたら――。自分が徴兵され、侵略戦争に征くことを命令されたら――。

二〇一三年四月、沖縄から帰って以降、私は沖縄の在日米軍基地問題について書き、投書をし、パンフレットを配った。二〇一七年、安倍内閣の辺野古埋め立て開始を知って、私は言葉にならない衝撃を受けた。辺野古埋め立ては、沖縄県民の心と悠久の自然、「沖縄」を破壊する暴挙で、埋め立て工事が完成すれば、沖縄の心と自然が元に戻ることは永久にない。辺野古埋め立ては、沖縄県民、世界中の人々、天をも恐れぬ行為であることに気付かねばならない。戦時中、東条英機は「本土決戦」を唱え、本土防衛の捨て石作戦として沖縄戦を押しつけ、沖縄県民を犠牲にした。安倍自公政権は、先の戦争指導者と同じように「日本を守る」と声高に言い、日本の安全保障のためと称して、沖縄県民を犠牲にする埋め立てに着手したのである。

私が二〇一三年に沖縄を訪ねた時、基地建設を阻止しようとたたかう人達は、必死で活動していた。闘争現場に集まる人のほとんどが毎日入れ代わっていて、私は親しく言葉を交わすことも、名前を聞くことも出来なかった。国がオスプレイパッドを建設していた高江の北部訓練場（基地）に接して闘争テントがあり、その横を基地ゲートにつづく道路が走っていた。監視活動が終わる日暮れに、三〇歳ぐらいの女の人が雨の中、ゲートの方へ向かい、長いこと帰らなかった。彼女は他所から毎週来る看護師で、山から道路に迷い出たイモリを、車に轢《ひ》かれないように拾って山に返しているのだと、後から地元の人に聞いた。闘争テントからゲートに向かう途中に、夜間工事を監視するためのテントがあった。一日、いつもそのテントに泊まり込む人が来られないというので、私が行くことになった。ハブに噛《か》まれないようにと注意を受けて、宿舎から一キロほど人気《ひとけ》のない道を行くと、道端にテントがあった。何とか寝る場所はあったが、夜が更《ふ》けると、基地の人間や強盗でも来やしないかと思って恐ろしかった。次の日の夜は、休日以外毎日、仕事を終えると他所の町からテントに泊まり込みに来る当人と一緒になった。テントの周辺には米軍の弾丸が落ちていると教えてくれたその人とは、基地を無くすにはどうすべきかと話し合った。夜が明けぬうちに起きて、二人でゲート前のはるか先まで歩いた。帰りに、明るくなった道のまわりに生える沖縄の亜熱帯植物の名を教えてくれたその人は、その日、辺野古に向かう私を、また遠くまで歩いて見送ってくれた。

「地獄の戦争だった。」と、県民十二万余人（一般住民――約九四、〇〇〇人、県出身の軍人・軍属――約二八、〇〇〇人）が虐殺された沖縄戦を語ってくれた人をはじめ、反基地運動をしている人達はお年寄りが多かった。この人達は遠くの市町村から、地元の人と共闘するためにはるばる来ていた。アメリカ政府が要求し、日本政府が応じた米軍基地建設に関わる自民・公明両党の国会議員、防衛施設庁職員をはじめとする国家公務員、工事を請け負ったゼネコン社員、工事を守る警視庁・大阪府警機動隊員他の警察官、国に雇われたガードマンの前に、向き合って立った（今も立っている）のは、このような沖縄県民である。

私は辺野古移設反対の投書を、文章表現を変え、送る新聞社を変え、毎月のように送りつづけた。私の頭の中には、いつも沖縄の人と反米軍基地闘争のことがあった。そんな去年

（二〇二一年）の一月のことだった。学生時代のベトナム反戦クラス討論の際、沖縄の級友が「沖縄のことを考えて」と言ったのは、「アメリカに軍事占領され植民地支配されている沖縄のことを考えて」と言ったのだと思い至った。私はずっと、彼は「ベトナム戦争に組み込まれた沖縄のことを考えて」と言ったのだと思い込んでいた。クラス討論は、フランス、日本に代わってベトナムを支配しようと侵略戦争をつづけるアメリカに対してたたかう南ベトナム解放民族戦線をどう支援するかというものであった。侵略・植民地支配は、その地、その人々を凌辱し、人としての尊厳をふみにじるものだと考えてきた私が、級友がアメリカの植民地支配の下にあったことに気付かないまま、アメリカやアメリカにへつらう日本政府に対し、何もしてこなかった自分を愚かしく思い、また恥ずかしく思った。私が、「アメリカの沖縄植民地支配」を明確に認識するのに、大学時代に「沖縄のことを考えて」と言われてから六〇年近くの時間を要した。これは、私が級友の言葉に応《こた》えることなく、沖縄のことを真剣に考えてこなかったからである。

「アメリカの沖縄植民地支配」は、沖縄の歴史、日本の歴史、世界の歴史から総合的に考えなくてはならない。まず第二次世界大戦は、それまでの第一次世界大戦などと同じ帝国主義（自国の領土や勢力範囲を広げ、政治的経済的に他民族・他国家を支配しようとする考え）戦争であった。そして、枢軸国のファシズムに対する連合国の反ファシズムの戦争という性格ももっていた。また、枢軸国に支配された諸国民や植民地民族の民族独立戦争の性格を併せもつ戦争であった。戦争は枢軸国の侵攻で始まり、やがて連合国の反攻、勝利へと向かう。この戦争の過程でアメリカとソ連の対立が鮮明化し、両国は戦後世界で主導権を握るための軍事行動をとった。アメリカの沖縄戦、広島・長崎への原爆投下と、ソ連の満州侵攻がこれに当たる。

私は二〇二一年一月、アメリカの沖縄植民地支配に気付いてから、沖縄の米軍基地問題解決のために、多くの人の、心に届くようにきちんと書かねばと思い、順次、沖縄問題を論じる本を読んでいった。そのなかで、アメリカ国務省極東担当の国務次官補が一九五七年一〇月一五日に国務長官に送った覚書で、「『琉球諸島は米国が植民地主義との非難をうける世界で唯一の場所である』と指摘した。」(注2)との一文を見い出した。そこで私は、アメリカが第二次世界大戦最後の戦い――沖縄戦から今日に至るまで沖縄を植民地となしえたのは何故なのか、その理由を考えてみた。

3

アメリカが何故、戦後一貫して沖縄を植民地支配してこれたのか、それはアメリカが世界一の経済力と軍事力を有する政治超大国であったからである。第二次世界大戦は帝国主義戦争で枢軸国ドイツ、日本、イタリアによる侵略戦争に始まり、この枢軸国に連合国が反攻するかたちの戦争だった。ドイツ、日本に対しイギリス、中国なども戦ったが、アメリカとソ連が連合国の勝利に大きく貢献した。枢軸国が占領支配した国、地域を連合国が解放すると、その解放された国、地域は解放した国の支配を受けるようになる。ソ連が解放した東欧諸国は、後にソ連の衛星国と呼ばれるように社会主義化される。アメリカが勝利した日本もまた、アメリカに支配されることになった。沖縄はアメリカが多大な犠牲を払った日本で唯一の地上戦で占領(領有)した土地であったから、沖縄に対する支配はより強固、苛酷なものになった。

アメリカは、一九四一年十二月、日本の真珠湾攻撃に始まる太平洋戦争で、半年後の一九四二年六月にミッドウェー海戦で大勝利をあげると、日本占領計画の策定を始める。アメリカは、日本が戦前国際連盟の常任理事国であったことや、明治維新以降の神権天皇制の国家体制、国民の天皇制ファシズム思想などを研究して、占領計画を立てたことは間違いない。平時であっても常に日本の研究はなされていたが、戦争を介しての占領政策であるから、私の想像をはるかに超えるような研究、検討がなされたであろう。

アメリカは戦前から、とりわけ戦中に、戦後の国際政策、世界戦略を模索して、まず第一に資本主義体制を守り発展させる、言い換えれば社会主義勢力の拡大を防ぎ縮小させることを目標とした。特に共産党独裁のソ連、共産党が優勢な中国の社会主義勢力の拡大は脅威であったから、アジアでは日本を支配し、資本主義陣営にとどめ、防共の防波堤にする政策をとった。ある領域を支配し、守るには政治権力が必要になるが、その政治権力の核心は物理的強制力（武力）である。アメリカは日本を単独占領支配するために、米軍（約四〇万人）を進駐させた。アメリカは全世界において資本主義体制を守り発展させる軍事戦略を展開したが、日本は狭い海をはさんでソ連、中国に直面する国であったから、特に日本に米軍を重点的に配置する必要があった。米軍基地は日本全土に配備されるが、後に本土の基地が沖縄に移設される。一九五七年六月の岸・アイゼンハワー共同声明で、日本から一切の地上戦闘部隊の撤退が明記され、撤退した海兵隊は沖縄に移駐した。このことから、在日米軍基地が沖縄に遍在する理由がはっきりと見てとれる。アメリカが沖縄に軍事基地を集中配置したのは、第一に沖縄が軍事戦略上の要地であるという理由と、植民地沖縄に軍事基地を置けば、永久的に排他的自由運用が出来るという見込みがあったからだと思う。その見込み、考えは、日本占領計画を策定する中で承認されたものと考えられる。その見込みは何をもとに生み出されたかというと、日本研究を通じて、本土の日本人に根深く強い沖縄（沖縄人）差別が存在するのを認めたからだと、考える。

さらに日本人の身体中に染《し》み込んだ封建思想とその思想にもとづいた行動を考察して、日本、沖縄統治策が決められたに違いない。ドイツ、イタリアの独裁政権に対する民衆のレジスタンス運動が、侵略された国のみならず本土でも起こっていた。ところが日本では、そのような運動は一切起こっていない。江戸時代から維新後も続く身分制度（士・農・工・商・えた、ひにん↓皇族・華族・士族・平民）にもとづく主従関係、家父長的家族制度や男尊女卑の家族・社会関係、江戸幕府が官学とした朱子学派の大義名分論（君臣・主従の別を明らかにする）の影響をうけて、日本人がお上《かみ》、統治者に従うという国民性をもっていること。また明治維新以来の政治体制――初期の藩閥専制体制から大日本帝国憲法制定による外見的立憲主義体制（見かけだけの立憲主義で、国民主権・人権保障・三権分立などの規定を欠く体制）の下《もと》で、国民のうちに民主主義思想は育たなかった。その上に、政治家など支配層に属する人の多くが、見識、モラルを欠き、なすべきことしないのを見て取って、沖縄に米軍基地を集中設置することになったのだと、考えられる。

アメリカが国際法に基づいて沖縄植民地支配を開始（実質の沖縄植民地支配の開始は、沖縄戦中の一九四五年四月）したのは、サンフランシスコ講和条約で沖縄の施政権を奪った翌年、一九五二年である。その丁度一〇〇年前の一八五二年、日本遠征を前にペリー提督は海軍長官にあてた書簡（一八五二・六・二五付）で「海軍当局がもしのぞむならば、琉球諸島をアメリカ領の一つとして手中におさめるよう、私は最善をつくす用意がある」(注3)と述べている。当時、産業革命をなしとげた欧米列強は、原料と市場を求めてアジアに侵出していた。琉球ばかりでなく、日本も植民地にされる可能性があった。ペリーが琉球に来航した際、一部のアメリカ水兵が婦女暴行事件、少年への発砲傷害事件を起こしている。

一四二九年、中山王・尚巴志《しょうはし》が統一して建てた琉球王国は、中国、日本に両属する形で中国、日本、朝鮮、東南アジアと中継貿易をしていたが、十六世紀以来ポルトガルの進出や朱印船貿易に押されて、中国との朝貢貿易だけなっていた。江戸時代初期の一六〇九年、薩摩藩は出兵して琉球を征服し、琉球が中国と朝貢貿易するのを認め、その利益を吸い上げていった。琉球民衆は、王府と薩摩藩の二重支配にあえぐことになった。薩摩藩は、琉球人に本土の髷《まげ》・髭・衣装《いしょう》などの風俗、言語の使用を禁じた。幕府も一六三四年、島津氏に薩摩・大隅《おおすみ》・日向《ひゅうが》三州のほか「琉球国十二万三千七百石」を併記した領地朱印状を給した。また幕府は、同年以降、琉球使節（幕府は王府から、琉球国王と将軍の代替りごとに、島津氏が同行する謝恩使、慶賀使を江戸城に送らせた）を朝貢と位置づけ、外交文書の様式でも琉球国王は老中と同格扱いであった。幕府に臣従の意をあらわすこの使節は一般に「江戸上り」とよばれ、中国風に仕立てられた行列は、日本の民衆のあいだに琉球に対する異国観を植えつける要因ともなった。[(注4)] 琉球国から薩摩藩への年頭使派遣（一六一三年初↓一六三四年定例化↓一八七二年まで継続）もあった。薩摩藩は江戸時代を通して、琉球に対し苛酷な収奪を行ったが、天保期の調所広郷の藩政改革（三島砂糖惣買入・琉球との密貿易など）によって富強化し、長州藩と同盟して武力倒幕を成しとげる。

「基地で食べているんでしょ。国から振興策をもらえばいいですよー。そうした国民の誤解が米軍基地問題の一番大きな壁だと沖縄県の翁長雄志知事は語った。先日講演を聴いた時のこと▲誤った認識は多いという。例えば三〇〇〇億円を超える沖縄振興予算。基地負担の見返りに上乗せされていると思われがちだが、違う。他県では各省庁が個別に予算計上する道路や学校の設備費などを、内閣府が一括計上しているだけ▲米軍占領下の二七年間各省庁に予算を要求することもできなかった。その延長線上に今なお続く沖縄だけの仕組みは、あまり知られていない。同じ日本の中の異なる制度の裏に、重い歴史を見る▲国は世界一危険とされる米軍普天間飛行場の唯一の移転先だとして、名護市辺野古沖の新基地建設工事を強行している。民意に基づいて阻止を訴える知事に全く耳を貸さず、果ては菅義偉官房長官が、翁長氏個人に損害賠償を求めることもあり得ると圧力をかける▲——（二〇一七年三月三一日　愛媛新聞コラム・地軸）」

地軸の筆者は、沖縄振興予算について、予算計上が他県と違って内閣府が一括計上しているのは、米軍占領下の二七年間、沖縄は各省庁に予算要求することもできなかったこと、その延長線上に同じ日本の中に沖縄だけ異なる制度があることを指摘している。日本の中で、戦後一貫してアメリカが沖縄を植民地支配し米軍基地を集中しているのは、アメリカと日本政府・本土住民による沖縄差別に基因していることを、近代以降の日本の歴史を見ることを通して明らかにしたい。

4

明治維新から敗戦までの政治体制を神権（絶対）天皇制とよぶ。幕末、薩摩・長州藩を中心とした武力倒幕派の動きを見て幕府が大政奉還すると、倒幕派はクーデターを起こし、王政復古の大号令を出し、天皇を中心とする政府を樹立した。新政府は一八六八年、戊辰《ぼしん》戦争のさなか、一六歳の天皇が五箇条の誓文を京都御所の紫宸《ししん》殿で天神地祇《ちぎ》に誓うという形で発布し、天皇親政を国の内外に示した（神権天皇制の始まり）。神権天皇制政治の実態は、薩長土肥出身者が天皇を祭り上げて自らが政府の要職に就き「現在よそでは、どこへいっても見られない寡頭政治（ベルツ）」、つまり藩閥専制政治であった。このような政治は基本的に、大日本帝国憲法の制定を経て敗戦に至るまで続く。大日本帝国憲法は、伊藤博文がドイツの憲法を参考にして制定した。ドイツ帝国は、皇帝・政府の権限の強い外見的立憲主義の国家であった。大日本帝国憲法は天皇主権主義で、天皇は官制を定め、文武官の任免、宣戦・講和や条約の締結などの天皇大権、軍隊の統帥権など強大な権限をもつとされた。ところが、天皇はイギリス国王のように政治に関わらないとされたので、天皇の強大な権限は内閣（政府）が握ることになった。首相は元老が推薦する者を天皇が任命するようになったから、基本的に維新政府の政治が敗戦まで継続する。

維新政府は強大な軍隊・警察を擁《よう》して、日本全土、全人民を専制支配していく。明治維新は市民革命ではなかったし、国民は江戸時代を通じて身につけた封建思想を引きずり、また天皇を現人神とする教化によって、時代が進むと天皇制ファシズムにまで行きつくようになる。政府はスローガンとした「富国強兵・殖産興業」策——産業化と軍事力の強化を一貫して追求し、専制体制を守るために人権を弾圧した。一九二五年の治安維持法は、国体（天皇制）と私有財産制を守る弾圧法で、特定の思想を刑事法で裁くものであった。そこから社会主義にはじまり、自由や平等を主張する人権思想が弾圧された。戦前の日本は、最終的にファシズム国家になって、侵略戦争に突き進んだ。ファシズムは反民主主義、反社会主義、対外的侵略を意図する国家主義の暴力的独裁政治を意味する。神権天皇制、明治維新専制国家の初めから、日本にはファシズム国家になる土壌に、さまざまなファシズムの萌芽を包んだ種子が存在していた。自由や平等といった基本的人権は無視され、弾圧と差別の政治が続く。

維新政府は戊辰戦争によって、琉球を除いた日本を統治するようになった。新政府は版籍奉還、廃藩置県を断行して中央集権体制を確立した。政府は一八七一年の廃藩置県で琉球王国を鹿児島の管轄とし、翌一八七二年には琉球中山府を廃止して琉球藩とし、外務省の管轄とした。日清間に琉球帰属問題で対立を生じたが、一八七九年軍隊と警察官を派遣して、強制的に藩を廃止して沖縄県を設置した。この一八七九年の廃藩置県を琉球併合、琉球処分と言うが、日本の沖縄領有は日清戦争に勝利することによって確定した。新しい県政でも重税と圧政が続き、県民は苛酷な生活を強いられた。政府の沖縄差別は多岐にわたったが、沖縄の国政参加の要求に対し、それを認めたのは一九一二年で他府県（一八八九年に衆議院議員選挙権）に遅れること二三年に及んだ。また一九〇三年に起きた「人類館事件」は、日本社会に存在する深刻な沖縄差別を表すものであった。「人類館事件」とは、大阪博覧会会場周辺の「人類館」に「七種の土人」として朝鮮人・インド人・インドネシア人・アイヌ人・生蕃《せいばん》（もと台湾の高砂族の中の原住民をさす）・中国人などとともに沖縄人が生身で見せ物として展示された出来事である。

政府の対沖縄政策は、本土以上に苛酷なものであった。人類館事件の後に、選挙権を認めたのは、重税に苦しむ沖縄県民の不満を鎮《しず》めるためだったろう（代表なくして課税なし）。第一次世界大戦（一九一四〜一九一八）後の戦後恐慌、金融恐慌、昭和恐慌と続く時期、沖縄は本土以上に厳しい不況に陥った。「この時期、全県のいたるところで一般民衆は主食の米や雑穀だけでなく芋さえも手に入れることができず、野生のソテツの実や幹の澱粉《でんぷん》を調理して食べ飢えをしのぐ日々が続いた。調理方法をあやまって食中毒で死亡する事件もあいついだ。その悲惨な状況を新聞などは『ソテツ地獄』と報道している。(注5)(277)」「沖縄社会の疲弊の最大の原因が県民の国税負担と政府の国庫支出のアンバランス（置県以来の「やらずぶったくり」の沖縄政策）にあることを当時の多くの論者が指摘している。(284)」この政府の沖縄政策の根底には、沖縄無視、沖縄差別の考えが見てとれる。「労働力の沖縄県外流出もソテツ地獄の時期以降急増している。海外移民は一八九九年のハワイへの二七人が最初で、一九〇〇年代に年平均約一二〇〇人、一〇年代には七五〇〇人にすぎず移民先はほとんどハワイに集中していた。急増したのはソテツ地獄以降で移民先は中南米と南洋が主であった。ハワイや中南米に定住した沖縄人移民は言語・風俗・習慣などの相違から日系移民社会のなかでも沖縄差別に苦しみ、相互扶助、親睦のための沖縄県人会を組織して独自のコミュニティを形成した。(286)」海外出稼先には、日清戦争後に併合した台湾、第一次世界大戦後に日本の委任統治領になった南洋諸島などがあった。「台湾在住の沖縄人の多くは、日本人社会で差別をうけながらも植民地統治に協力して社会的地位の上昇をはかった。(282)」県外流出の労働力人口のうち大部分は他府県への出稼労働者であった。出稼先は主として阪神地区や京浜地区で、大阪（四二％）、神奈川（一四％）などに吸収された（沖縄県史七巻）。沖縄県出稼者は紡績資本などの低賃金労働力となって劣悪な労働条件で働かされ、人員整理の際には最初の解雇の対象となるなど差別された。県史にあたると、海外や他府県へ渡った沖縄人は、その地の日本人に差別されたことが分かる。

政府は一八九九年「北海道旧土人保護法」を制定している（開拓使は一八七八年にアイヌ民族を「北海道旧土人」と呼ぶように定めている）。この法律には土地売買・譲渡の禁止などの差別規定のほか「旧土人」の蔑称が使われている。この法律は一九九七年の「アイヌ新法」の成立とともに廃止されたが、戦前のみならず戦後五二年間もアイヌ民族差別を続けた政府・日本社会を見ると、日本人には人はみな平等という考えがなく簡単に差別に走る国民性があるのではと思う。一八七三年に制定された徴兵令は国民に兵役義務（国民皆兵）を強制した法律であるが、沖縄と北海道は一八九八年まで除外されていた。ここにも政府の沖縄・北海道差別が見てとれる。

戦前の日本政府・日本社会（本土の日本人）の沖縄差別の最大のものは沖縄戦である。第二次世界大戦・最後の戦いと呼ばれる沖縄戦は、してはならない戦争だった。アジア・太平洋戦争はヨーロッパ戦争と並んで第二次世界大戦を構成する戦争であったが、この戦争そのものがしてはならない戦争だった。国際連盟の常任理事国になり（一九三三年脱退）、不戦条約（一九二八年）に加盟していた日本が、侵略戦争をすること、これは国際法に反することであった。言うまでもないが、侵略戦争は何より人道上、絶対にしてはならないことである。ここで、沖縄戦はしてはならない戦争だったというのは、アメリカ軍が戦争を始める（一九四五年三月二三日）前に、日本は降伏して戦争を終わらせなくてはならなかったということである。昭和天皇が「終戦の詔書」で「朕の一身はいかがにあろうとも、これ以上国民が戦火に斃《たお》れるのは忍びない」と言うのならば、何故もっと早く戦争を終わらせなかったのかと言うことである。日本がミッドウェー海戦（一九四二年六月）で大敗（アメリカ「日本占領計画」策定開始）してから日本軍は負けつづけ、本土防衛の防波堤とされていたサイパン島陥落（一九四四・七・七）で日本本土がアメリカの長距離爆撃機Ｂ29の爆撃圏内になった。この時点で、日本の早期敗戦は必至になった。Ｂ29による本土空襲は一九四四年六月の北九州爆撃から始まっていたが、翌一九四五年三月以降全国の無差別爆撃が始まる。三月一〇日未明、三三四機のＢ29が東京上空に飛来し焼夷弾による無差別攻撃をおこなった。この東京大空襲による死者は約一〇万人を数え、約二三万戸を焼失した。この東京大空襲を目の当たりにした天皇・政府・軍部が「本当に国民のことを考えた」ならば、戦争の即時終結に動いたはずである。二月一四日には近衛文麿が、戦争の即時終結を昭和天皇に上奏していた。三月二三日の、米軍の沖縄攻撃より前に、日本が降伏しておれば、沖縄戦はなかった。

　東京大空襲の後に、戦争終結がなされなかった理由は、戦争を主導する天皇・政府・軍部が国民のことなど考えることなく、自分達のことだけを考えていたからである。連合国の戦争目的に「戦争犯罪人の処罰」が掲げられていたから、講和の条件を有利にするために戦果を上げることを、彼らは考えていた。後に（七月二六日）ポツダム宣言「十…吾等ノ俘虜《ふりょ》ヲ虐待セル者ヲ含ム一切ノ戦争犯罪人ニ対シテハ厳重ナル処罰ヲ加ヘラルベシ」が出された際に、最高戦争指導会議で、「国体護持（天皇制護持）」の他に「戦争犯罪人の処罰も日本側で行なう」などの条件をつけるかどうかで紛糾している間に、アメリカの広島原爆投下（八月六日）、ソ連の満州侵攻（八月八日）、長崎原爆投下（八月九日）、全国各地への戦略爆撃で、多くの国民が虐殺された。戦前の日本政府・支配層には、国民の人権、その生命さえ守る意志はなかった。あったのは、一般国民に対する恐ろしい差別である。沖縄県民は琉球処分以来、日本政府から本土国民とは比べものにならない大きな差別を受けてきた。戦争においても、それは変わらなかった。

東京大空襲の後に戦争の即時終結がなければ、予想された次の戦争（沖縄戦）は、それまでの戦争とは異質なものとなるのは分かっていた。沖縄戦以前、日本本国の戦争は航空機による戦争で、沖縄も他府県と同じように一九四四年一〇月、米軍による大空襲をうけ那覇市は市街地の約九割を焼失、県内で死者約四〇〇人を出した。一方、本国以外の植民地・占領地では地上戦が戦われた。太平洋諸島のサイパン島では約三万人の日本兵が戦死したばかりでなく、住民一万人が犠牲になっている。このように地上戦では、兵士（玉砕で全滅）のみならず、住民に恐ろしい数の犠牲者が出るのは分かりきっていた。沖縄県民は結果として、日本で唯一この「地上戦」を戦ったのである。

5

沖縄戦を、アメリカではアイスバーグ作戦と呼んでいる。アメリカが沖縄をどのように見ていたのか、沖縄戦をどのように戦ったのか、喜納健勇訳「沖縄戦　第二次世界大戦最後の戦い（アメリカ陸軍省戦史局編・一九四八）」(注6)を見てみる。

「ペリー提督が一八五三年五月二六日に那覇港に入ったとき、沖縄は中国と薩摩に朝貢している半独立国であった。沖縄は一八七九年に日本に併合され、沖縄の人々はほとんど完全に日本の政治的・経済的・文化的枠組みに統合された。沖縄人の人種的血統は日本人に似ているが同一ではない。沖縄人の血統と文化は中国の影響を広く受けている。沖縄人は肉体的に日本人に似ているものの、彼らの言語、つまり琉球語は日本語とはかなり異なっている。沖縄人の間の優勢な宗教は土着のアニミズム信仰で、ヒヌカン（火の神）崇拝はその典型である。祖先崇拝はこの宗教では最も重要な要素である。また、墓は沖縄の風景のなかで最も特徴的な形をなしており、その形ゆえに日本軍が恐ろしい防御地に変えた。沖縄人に関して、日本人は彼らを劣った田舎者であると見なして、生活レベルを引き上げようとはしなかった。住民のほとんどは規模の小さい農業で生活していた。…一九四〇年における島の人口は四三万五〇〇〇人であった（25〜26）」。

日本軍は、沖縄を本土決戦までの時間稼ぎの捨て石と位置づけていた。沖縄守備軍（第三十二軍――牛島中将指揮）は正規軍八万六四〇〇人、現地召集の防衛隊・護郷隊、鉄血勤皇隊・女子学徒隊等を合わせ約十一万人余であった。アメリカは、一九四五年初めに日本軍の防衛計画が変更され、「彼（牛島中将）は、自らの戦力に見合うように計画を変更せざるをえなかった。つまり、今や戦力が枯渇したので、島の全住民を動員せざるを得なくなったのである（109）」と認識し、「…さらに防衛隊の召集は、戦闘の間、さまざまな時期におこなわれた。防衛隊に加えて、駐留部隊の人員強化や新しい部隊の編成に伴い、多数の沖縄の民間人が召集された。第三十二軍で働いた沖縄人の数は明確には確定できないが、全体の大部分を占め、三分の一かそれ以上、日本軍の戦力を増加させたことは明らかに指摘できる。（99）」と見ていた。

アメリカ軍は、空母四〇隻、戦艦三〇隻を含む艦船一五〇〇隻以上、艦載機一六〇〇機、上陸部隊十八万二八〇〇、海上部隊を含む兵員合計は五十四万八〇〇〇人であった。この圧倒的な軍事力を誇るアメリカ軍が、無差別殺戮《さつりく》戦を展開した。空軍の攻撃を日本兵は日記に「グラマン、ボーイング、ノースアメリカン製の飛行機が絶え間なく次々とやって来た。…飛行機が何機か頭上を飛んで機銃掃射をした。異常なほどの大群が飛行場の上空を飛んで爆弾を投下した。爆弾の獰猛さは恐怖だ。…延べ一五〇〇回だ。しかもまだ続いている。六時に最後の二機が爆撃を終えて引き上げて行った。この異常さは何だ。朝六時から夕方六時まで爆撃するとは!…(62)」と記している。(一二時間に一五〇〇回の爆撃とは、三〇秒に一回の爆撃——武田)海からは、艦船が「鉄の暴風」と呼ばれるロケット砲・艦砲射撃を行った。上陸した部隊は、「…第十軍の師団工兵隊は、三・八キロリットルの配油器と六〇から九〇メートルのホースを使って、洞穴の中にガソリンを注ぎ込んだ。彼らは一つの破壊のために二・七キロリットルを使用して、曳光弾や黄燐手榴弾でもって爆発させた。…(275)」というような戦法をとっている。戦争はどのようなものであってもむごいが、沖縄戦における米軍の戦争は!……

沖縄人の死者には、日本軍が集団自殺させた人々(七六三名)、日本軍に殺害された人々(一七八名)がいる。

「沖縄の慶良間《けらま》列島渡嘉敷島守備隊長の赤松隊長は、米軍の上陸にそなえるため島民に食糧を部隊に供出して自殺せよと命じ、柔順な島民三二九名は恩納《おんな》河原でカミソリ・斧・鎌などを使い集団自殺をとげた。(家永三郎「太平洋戦争」)(注7)」日本軍が洞穴に隠れている住民の中に赤児がいれば殺したとか、アメリカ軍より日本軍の方が恐ろしかったという証言がある。

「…戦闘末期の日々、前線の真後ろに座り込んでいる民間人の集団が必ずいた。彼らは助けや指導を待っていたが、多くは死ぬだろうと思い込んでいた。半分ないし三分の一が負傷している八万人の沖縄の民間人が、六月最後の二週間の間に、島南端の洞穴から這《は》い出て来た。これらは子供・高齢者・女性たちで、強壮な男たちは少なかった。彼らは長い列をつくって後方に向かって歩いた。女性の多くは背中に子供を背負い、衣類の包み・食料・皿・湯沸かしを頭に乗せて運んだ。すべて彼女らの所有物だった。サトウキビを見つけると、それを取ってかじった。何千という民間人の死体が、溝・サトウキビ畑・村の瓦礫《がれき》の中に散らばったり、穴に密封されていた。(485)」

沖縄戦での戦没者総数は二〇〇、六五六人。うち米軍一二、五二〇人・県外出身日本軍・六五、九〇八人・県出身軍人軍属二八、二二八人・一般住民約九四、〇〇〇人であった。沖縄県出身者の総計は一二二、二二八人である。沖縄戦は、本土決戦のための捨て石の作戦だった。沖縄戦は、四十余万の県民が玉砕する可能性のある戦争だった。そのような戦争を、日本政府・本土の国民は、沖縄に押しつけたのである。沖縄戦は、本土のすさまじい沖縄差別を表すものであった。沖縄戦を沖縄県民に平気で強いることが出来る、本土の沖縄差別に恐怖を覚える。

6

アメリカにとって沖縄戦は、戦後の世界戦略上、ソ連、中国に対する軍事拠点としての重要な土地、領域を確保するための戦争であった。沖縄に米軍基地を建設し、永久的に排他的自由運用できるようにするためには、占領は時期がくれば占領地から撤退しなければならないから、侵略して植民地化する必要があった。アメリカにとっての太平洋戦争は、日本を自国の勢力範囲に取り込む戦争であったが、第二次世界大戦最後の戦い——沖縄戦は沖縄をアメリカの領土・植民地にするための侵略戦争であったことを、認識しなければならない。アメリカが沖縄を領有（植民地化）する計画は、ミッドウェー海戦勝利（一九四二）後、策定を始めたという「日本占領計画」の重要課題として組み込まれていたはずである。

アメリカの沖縄植民地支配は、ニミッツ布告（一九四五年四月五日）から、沖縄返還（一九七二年五月十五日）までの二十七年間続いた。アメリカの日本占領期間（一九四五〜一九五二）中は、本土の間接統治に対し沖縄は米軍による直接統治（軍政）という形をとって植民地支配した。アメリカの日本占領支配の終了（一九五二）から沖縄返還（一九七二）までは、日本が連合国四八か国と結んだサンフランシスコ講和条約第三条（一九五一）によって、アメリカは沖縄を植民地支配した。

アメリカの沖縄植民地支配の事実を、統治の形態（システム）と統治の実態から明らかにしたい。統治の形態では、沖縄植民地支配はニミッツ宣言（一九四五・四・五）「南西諸島における日本国政府のすべての行政権を停止し軍政府を設立する」に始まる。アメリカは、沖縄の統治権をアメリカ軍が直接行使（軍政）する形で植民地支配したのである。この統治の形は、一九五二年のサンフランシスコ講和条約の発効で、一九七二年の沖縄返還まで継続する。

私は、一九六〇年代半ばのクラス討論の際、沖縄出身の級友が「沖縄のこと」を考えてと言った意味が、アメリカの沖縄植民地支配のことだと理解して、まずサンフランシスコ講和条約に当たった。同条約は連合国の日本占領終了後の日本を規定するもので、沖縄に関する規定は同条約の第三条にある。手持ちの高校日本史教科書（三社）、日本史史料集（二社）を調べてみると、教科書は全て「第三条　日本国は北緯二十九度以南の南西諸島（琉球諸島及び大東諸島を含む）、並びに沖の鳥島及び南鳥島を合衆国を唯一の施政権者とする信託統治制度の下におくこととする国際連合に対する合衆国のいかなる提案にも同意する。」で終わっている。一社の史料集に、「…同意する……」とあって、「同意する。」以下の文言が省略されているのが分かった。そこで「日本史教授資料」に当たってみると、永原慶二・他が編集した学校図書版（沖縄返還についての記述があるから一九七五年頃の出版かと思われる）に、第一条、三条、六条の全文が〈補充資料〉として載っていた。「同意する」以下の文言は、次のとおりである。

「このような提案が行われ且つ可決されるまで、合衆国は領水を含むこれら諸島の領域及び住民に対して、行政、立法、及び司法上の権力の全部及び一部を行使する権利を有するものとする。」

この件《くだり》は、アメリカが沖縄を国連の信託統治制度におくまでと言いながら（アメリカが沖縄を信託統治領にするには、国連信託統治理事会の審査があるが、沖縄は本土と民度に違いがないから、その審査に通ることは考えられない。また信託統治領にすれば将来、独立させねばならないから、沖縄米軍基地の永久的排他的自由運用を目論むアメリカは沖縄を信託統治領にすることは考えられない。これらの理由からと考えられるが、アメリカが沖縄を国連の信託統治制度の下におくという提案は結局なされなかった）、アメリカが沖縄を統治（領有）するという意味内容を表している。韓国併合条約（一九一〇）の、「第一条韓国皇帝陛下ハ韓国全部ニ関スル一切ノ統治権ヲ完全且永久ニ日本国皇帝陛下ニ譲与ス」と突き合わせてみると、よく分かる。サンフランシスコ講和条約第三条は、日清講和条約（一八九五）で清国が台湾を日本に割譲したように、日本がアメリカに沖縄を割譲するという規定である。沖縄戦がアメリカの沖縄侵略戦争、その後のアメリカの沖縄統治が沖縄植民地支配であることは明らかである。

ニミッツ宣言から沖縄返還までの沖縄の実態から、アメリカの沖縄植民地支配を見てみる。

連合国による枢軸国の占領政策の基本は「民主化」と「非軍事化」であった。連合国軍、実際はアメリカ軍の単独占領になった日本本土では、東西冷戦の始まりで逆コース化と呼ばれる占領政策の変更が起こるが、初期には民主化・非軍事化政策がとられた。民主化政策では、政治犯釈放・治安維持法廃止（一九四五）、選挙法改正（女子参政権）（一九四五）、天皇制批判の自由（一九四五）、労働組合法制定（一九四五）、教育基本法制定（一九四七）、経済民主化として財閥解体・農地改革、そして日本国憲法の制定などがある。非軍事化政策では、陸・海軍の解体、戦犯逮捕と極東国際軍事裁判（一九四六〜一九四八）がある。

一方、沖縄はアメリカの植民地支配下にあったから、民主化政策も非軍事化政策もとられることはなかった。一九四六年七月二五日の内閣統計局の人口と世帯数調べでは、沖縄は日本政府の施政権の及ぶ範囲外とされて、除外されている。一九四五年一二月の「衆議院議員選挙法改正法」の公布では「別表」で沖縄県の場合は選挙区を全県一区とし、定数を二人と定めていたにもかかわらず、「附則」で「沖縄県、…(中略）は勅令で以て定むる迄は選挙はこれを行わず」と選挙の停止を定めている。沖縄はアメリカの植民地であったから、日本国憲法もアメリカ合衆国憲法も適用されず、選挙権をはじめ基本的人権も保障されなかった。

ニミッツ布告（米国海軍政府布告第一号）（一九四五年四月五日）」は沖縄戦開始（一九四五年三月二三日）から半月たらずの内に出されたが、私は、この時点でアメリカの沖縄植民地支配は始まったと考えている。日本政府は一九四五年九月二日降伏文書に調印しているが、沖縄では米軍が作戦終了宣言（七月二日）を出し、残存日本軍首脳が公式に降伏文書に九月七日調印している。このことは、アメリカが沖縄を日本政府とは別の政府（残存日本軍政府）が統治する領域と認識していたからではなく、将来の沖縄支配の根拠とするためにしたことだと、私は考えている。アメリカは沖縄戦で沖縄県民十二万余人の生命を奪い、住居、墓所、田畑、自然の破壊をほしいままにした。またアメリカは、多くの住民を捕虜収容所に収容した（一九四五年七月末、収容所の人口は三十二万余人に達している）。

アメリカは日本本土では非軍事化政策をとったが、沖縄では沖縄戦中に普天間基地の建設をはじめ、ハーグ陸戦法規の「占領地の財産尊重」条項に違反して広大な米軍基地を建設した。アメリカはニミッツ宣言による米軍の沖縄統治は、ハーグ陸戦法規の占領条項にもとづくものとしていた。一九四九年一〇月軍政長官に任命されたシーツ少将は、沖縄の恒久基地建設方針を示し、軍事優先政策を強力に推進する。サンフランシスコ講和条約発効後も、統治の実態は基本的にかわることはない。一九五二年琉球政府が設けられたが、その権限は米国民政府（一九五七年からは高等弁務官）の監督の下におかれ、沖縄に自治権はなかった。沖縄には、自由権（思想の自由、海外渡航の自由、経済的自由、財産権の保障など）、参政権などの基本的人権の保障はなかった。沖縄の人々の人権は奪われ、尊厳も守られることはなかった。この統治の実態は、アメリカの沖縄植民地支配をはっきりと示すものである。

　何故、アメリカは一九四五年から一九七二年までの二十七年間、沖縄を植民地支配出来たのであろうか。第一に、アメリカが第二次世界大戦、戦後という非常、混乱に乗じて、巧妙に沖縄侵略・植民地化をなしたことである。アメリカは沖縄を侵略・植民地支配するという、火事場泥棒のようなことをしたのであるが、世界の多くの国はそれを見逃した。一九五一年のサンフランシスコ講和条約に調印した連合国四十八か国は、同条約第三条で、アメリカが沖縄を統治（領有）するとはっきり書かれていたのに、異を唱えなかった。これは、当時世界最強国であったアメリカの威を恐れて見逃したのだと考えられる。アメリカは大西洋憲章（一九四一・アメリカ・イギリス・他に一五か国参加）で領土不拡大原則をかかげ、カイロ宣言（一九四三、アメリカ・イギリス・中国）は、日本の領土処理方針で連合国による領土不拡大をうたっている。アメリカの沖縄植民地支配は、自らが発した領土不拡大を規定した二つの宣言を破るものである。

　アメリカが沖縄を植民地支配出来たのは、日本政府、本土の日本人がそれを許したということが大きい。まず最初にアメリカが日本占領統治で、本土は間接統治、沖縄は直接統治（軍政）とした時点で、占領下であっても、日本政府はアメリカに抗議して改めさせるべきであったのに、そうはしなかった。日本政府がアメリカの不当な沖縄支配に対して声を上げなかったのは、琉球処分（併合）（一八七九）以来つづけてきた沖縄差別の故である。

アメリカの沖縄植民地支配は、一九四五年から一九五二年（日本本土の主権回復）までは、日本統治に紛れるような形で実施され、一九五二年からはアメリカを中心とする連合国四八か国と締結したサンフランシスコ講和条約（一九五一年）第三条に基づいて一九七二年の返還まで継続するようになる。アメリカが占領継続から対日講和に政策転換するのは、東西冷戦が起こり、特に中華人民共和国の成立（一九四九年）、朝鮮戦争の勃発（一九五〇年）で、早期講和によって日本を独立させ、共産主義の防波堤（恒久軍事基地化）にするためであった。アメリカは講和交渉を指令し（一九五〇年九月）、一九五一年三月に条約案を内示した。条約案は主要交戦国から中国を除き、講和後に米軍の日本駐留を認めるものであったから、革新勢力・知識人を中心にして全面講和の実現をめざす国民運動が起こった。時の首相は、「ワンマン宰相」と呼ばれた自由党の吉田茂であった。吉田は全面講和運動を無視して、アメリカの沖縄植民地支配を規定する第三条を含むサンフランシスコ講和条約の調印に突き進んだ。全面講和を唱えた南原繁・東大総長を、吉田首相が「曲学阿世の徒」・「空理空論」と罵ったことに対し、南原が「全面講和と永久中立を空理空論ときめつけるところに日本民主政治の危機がある」と吉田を非難している。サンフランシスコ講和会議・講和条約の締結（一九五一）は、その後の日本の政治・社会を根本的に規定するものであった（現在の沖縄の米軍基地問題も、この条約

第三条でアメリカの沖縄植民地支配を認めたことの延長線上にある)。サンフランシスコ講和会議は敗戦国日本の主権回復を認めようとするものであったから、日本人は主権回復後の日本がどうあるべきか考えなくてはならなかった。日本は、スイス連邦(一九四八年憲法制定)に学んで、南原の言う永世中立国になる道を選ぶべきであった。

沖縄では講和会議の議題として琉球列島の帰属問題が浮上すると、一九五一年二月、四政党・帰属問題に対処するための協議会を立ち上げ、人民党と社大党は即時日本復帰、共和党は沖縄独立、社会党はアメリカの信託統治を主張した。六月、人民党と社大党を中心に琉球日本復帰促進期成会が結成され、日本復帰請願の署名運動を展開して、満二〇歳以上の住民の七二%(十九万九〇〇〇余人)の署名を集め、沖縄住民の意思を内外に示したが、吉田内閣はこれを全面講和運動と同じく無視し、講和条約を締結した。

南原は、吉田首相の全面講和運動や沖縄の日本復帰運動を無視する政治に対して、「日本民主政治の危機がある」と言ったのだと思う。日本民主政治とは、日本国憲法に基づく民主政治ということかと思うが、私は日本民主政治は、日本の政治体制(システム)そのものが民主主義(民主政治)の政治体制ではないという理由で、真の民主政治にはなりえないと考えている。民主政治は国民主権であるのに、憲法は前文で、「そもそも国政は、……その権力は国民の代表者がこれを行使し、…」と規定し、議員(議会)主権となっている。直接民主政治が真の民主政治で、間接民主政治（代議政治）は民主政治ではない。間接民主制の政治体制とは、日本の議院内閣制やアメリカの大統領制がこれに当たる。間接民主制では、独裁（専制）政治に簡単に直結する。

ナチス（国家社会主義ドイツ労働者党）はミュンヘン一揆後、合法的政権掌握をめざし、選挙を通じて一九三二年第一党になり、一九三三年に成立したヒトラー内閣は共産党を非合法化し、中央党を抱き込んで「全権委任法（国会が政府に立法権を委譲するという法律）」を成立させ、ナチス独裁を合法化・確立した。独裁政治は法治主義の下で、統治（行政）の根拠となる法律を制定する力をもてば可能になる。アメリカの大統領制も、大統領は軍の最高司令官で、行政権をもち、議会の制約を受けずに政治を行うことが出来る政治体制なので、独裁政治に近い。ロシアの大統領制は、大統領が首相・閣僚の任免権、下院の解散権をもち、軍の最高司令官で戒厳令の宣告権をもつ。これはもう、独裁政治体制と言う他《ほか》ない。

日本の議院内閣制は、内閣が立法・行政・司法の三権のうち行政権を行使する。内閣は、国会の議決で国会議員から指名（天皇が任命）された内閣総理大臣が他の国務大臣を任命して成立する。内閣は行政権をもち、条約の締結、外交関係の処理、法案の提出、政令の制定、予算の作成と国会への提出、最高裁長官の指名・その他の裁判官の任命などの権限をもつ。内閣総理大臣の権限は、大日本帝国憲法に比べて強化され、また、自衛隊法で自衛隊の最高指揮権をもち、防衛出動・治安出動の命令権をもつ。内閣を構成する政党が国会を制すれば、法律の制定も条約の制定も出来る。日本の内閣も独裁政治が可能である。講和条約締結時期の、吉田内閣の政治は独裁政治であったと考える。

民主政治は、人が自分の考え、意見を出し合って、ものごとを多数決で決める人民主権主義である。その根本にあるのは、人（個人）を尊重するという考えである。これに対して、独裁政治は人（個人）を尊重することのない反民主主義の政治になる。人は自由や平等を求めるから、独裁政権はこれを押さえるために物理的強制力（軍隊・警察など）を用い、暴力的独裁政治になる。独裁政権は、してはならないことをする。してはならない侵略戦争は、独裁政治によって引き起こされる。現下（二〇二二〜）のロシア（プーチン独裁）によるウクライナ侵略戦争は、その典型的な一例である。

第二次世界大戦は、ソ連邦（共産党・スターリン独裁）とドイツ（ナチス・ヒトラー独裁）によるポーランド侵略（一九三九）に始まった。アジア・太平洋戦争は、日本（軍部独裁）の中国侵略（一九三七日中戦争）、真珠湾攻撃（一九四一）で始まった。第二次世界大戦後の中東戦争（一〜四次）は、国連パレスチス分割決議でアラブ系のパレスチス人の住むパレスチナの地にイスラエルの建国が発端となって起こった、イスラエルによる侵略戦争である。イスラエルの占領地からの撤退を求めた国連安保理決議（一九七三）が出ているが、その後もイスラエルは植民地支配を拡大、強化している。アメリカのベトナム戦争（一九六〇〜一九七五）、ソ連のアフガニスタン侵略（一九七九〜一九八九）、イラクのクウエート侵攻（一九九〇）など侵略戦争の例は枚挙にいとまない。二〇〇三年のイラク戦争（アメリカ・ブッシュ大統領）は、国連事務総長の「国連憲章違反」声明をまつまでもなく、違法な侵略戦争であった。小泉自・公連立内閣は、戦争反対の国民世論を無視してイラクの戦場に自衛隊を派遣したが、独裁政権であった。

独裁政権はしてはならないことをすると、書いた。日本政府が講和条約に、「アメリカの沖縄統治（植民地支配）」を認める条文（第三条）を入れたのは、絶対にしてはならないことであった。第三条は、沖縄をアメリカに割譲するという内容である。日本が主権を回復する、連合国の占領支配を脱して独立する際に沖縄（本論は沖縄植民地支配について書いているので、条文にある小笠原群島・沖の鳥島・南鳥島などは記述を省かせてもらう）を独立から除外するということは、国政上、そして何より人道上許されない。日本政府は沖縄県民に、本土防衛の捨て石作戦として、老人、女、子供まで兵隊に動員してアメリカと戦わせた。沖縄戦による県民の犠牲者は十二万二千余人にのぼる。司令官が自決の際に、「沖縄県民かく戦えり、後世特別の御高配を賜らんことを」と大本営に訴えたように、沖縄県民は国、本土国民のために地獄の戦争を戦い、米軍、日本軍によってかけがえのない数多《あまた》の命を奪われた。昭和天皇は一九四七年ＧＨＱに出した「昭和天皇の沖縄メッセージ」で、「…天皇は、アメリカが沖縄を始め琉球の他の諸島を軍事占領することを希望している。…アメリカによる沖縄の軍事占領は、日本に主権を残存させた形で、長期《ロング・ターム》――二五年から五〇年ないしそれ以上の――貸与（リース）をするという擬制《フィクション》の上になされるべきである。…[注8]」と非道な要望をしているが、アメリカに沖縄の統治権（植民地支配）を認める講和条約第三条は、「昭和天皇の沖縄メッセージ」より、さらに非道な、許すことの出来ない条約である。

日本政府は講和条約に調印した同じ日の夕（一九五一年九月八日）に、アメリカ軍の日本駐留を認める日米安全保障条約に調印した。この条約は、アメリカ軍は極東の平和維持に必要なとき・日本国内の内乱の鎮圧に出撃できる・日本防衛の義務なし、また条約の期限がなく破棄にはアメリカの承認が必要、細目は日米行政協定（アメリカ軍人に対する治外法権を認めるなど）で決めるなど不平等・片務的なものであった。吉田内閣は、この条約を秘密裏の日米交渉で策定した。この条約の調印式で署名したのは、六人の全権使節のうち、吉田一人だけだった。単独署名について、吉田は「責任の所在を明らかにする意味だった」と後年述べた。一方、アメリカ外交文書は、こう書いている。「（吉田以外の）残りの日本側全権使節は条約の内容を知っていなかったからだ。[注9]」（新原昭治「米政府安保外交秘密文書」）

吉田内閣は独裁政権で、その政治は文字通りの独裁政治であった。

第二次世界大戦は第一義的に帝国主義戦争だが、枢軸国のファシズムに対する連合国の反ファシズムの戦争だとも言われる。日本は枢軸国を構成するファシズム国家だった。日本のファシズム（天皇制ファシズム）体制は軍部・官僚が主導して一九三〇年代に成立し、超国家主義を唱えた。アメリカの沖縄植民地支配にかかるサンフランシスコ講和条約、日米安全保障条約に関係する吉田茂、岸信介が戦前どうであったかみてみる。

吉田茂（一八七八～一九六七）は自由党竹内綱の五男、大富豪吉田健三の養嗣子、田中義一内閣の外務次官で、「大日本帝国の申し子のような人物だった」(注10)と評されている。外交官だった吉田は、一九二八年田中義一首相兼外相に直談判して外務次官に就任。田中内閣は三次の山東出兵（一九二七～一九二八）、関東軍の張作霖爆殺事件（一九二八）の真相隠しなど対中国強硬外交を貫き、三・一五事件（一九二八）、四・一六事件（一九二九）で共産主義者の検挙、治安維持法を緊急勅令で改正（一九二八）して最高刑を死刑にし、特別高等警察（特高）を道府県に配置するなど民衆を弾圧する内政を行った。田中内閣総辞職（一九二九）後、吉田はイタリア・イギリス大使になっている。また近衛文麿らの宮中勢力に接近し、終戦工作に従事している。

岸信介（一八九六～一九八七）は、一九三六年満州国政府実業部次長（経済政策の最高責任者）になり、重要産業統制法を制定、日産と満州国の折半出費による満州重工業開発株式会社を発足させ軍需工業化の体制をつくりあげた。一九四一年東条英機首相に抜擢され商工大臣になり、一九四四年軍需省がつくられると東条が軍需大臣を兼任、岸が国務大臣兼軍需次官として実際の指導にあたった。一九四五年九月A級戦犯容疑で逮捕され巣鴨刑務所に収監されるが、極東国際軍事裁判で東条らの刑が執行された後に、アメリカの対日政策の転換によって釈放された。吉田と岸は、ファシズムの時代、軍部・官僚独裁政権を構成する人物だったと、私は考えている。

辺野古新米軍基地建設を強行している安倍、菅、岸田内閣が、この日本のファシズムにつながっているのを指摘したい。フランスの「ル・モンド」紙（二〇一五年六月二六日）は、日本会議ついて「一九三〇年代の日本の帝国主義を擁護する強力な超国家主義団体である。[注11]」と報じている。「日本会議の正体」（青木理）によると第三次安倍内閣（二〇一五）を構成する閣僚二〇人のうち「日本会議国会議員懇談会」に属するのは安倍、菅、岸田、麻生、高市、塩崎、石破など十三人である。

最高裁は「代理署名訴訟（米軍用地の強制使用手続きをめぐる訴訟）」で「米軍特措法は合憲」との判決を下した（一九九六・八・二八）。最高裁大法廷（裁判長・三好達長官、十五人）の裁判官全員一致の判決である。この最高裁判決で、「五十年の基地の重圧」を訴えた大田昌秀知事の敗訴が確定した。安倍首相が辺野古埋め立て承認申請を沖縄県知事に出した直後の二〇一三年四月、日本会議会長の三好達（元最高裁長官）は、「日本を他国の侵攻から守る最大の抑止力として海兵隊の駐留を維持するために普天間から辺野古への基地の移設が不可欠」と言っている。

憲法上、内閣が裁判官の任命権をもっているので、佐藤栄作内閣以来、歴代自民党内閣は最高裁の判事を公益重視、自民党政府に近い考えの人物に入れ替えていった。代理署名訴訟の「最高裁・米軍特措法合憲判決」は、裁判官入れ替えの帰結と言えよう。さらに、最高裁裁判官入れ替え前の段階で、佐藤が首相になれた理由に、吉田茂の佐藤抜擢登用、造船疑獄事件での指揮権発動（検事総長が佐藤を収賄容疑で逮捕したいと犬養法相に請訓したときに、法相によってなされ、佐藤は収賄罪による起訴を免れた）がある。吉田の独裁政治（サンフランシスコ講和条約・日米安保条約締結、指揮権発動）によって、日本の政治、社会は大きく歪められている。

アメリカが自らの世界戦略上の拠点として、日本、沖縄に米軍基地を配置し、米軍を駐留させていることは許されないことである。特に沖縄は、アメリカが沖縄戦で侵略して植民地とし、それを講和条約で合法化するという、国際法上も道義的にも絶対に許されないことをしている。日本政府は講和条約第三条を拒否すべきであったのに、そうしなかった。何故、吉田内閣は第三条を拒否しなかったかというと、沖縄差別があったからである。また、講和条約締結前にも、その後にも、本土日本人は第三条を拒否する運動を、私が調べたかぎり、起こしていない。日本政府と本土日本人が平気で沖縄を見捨てたのは、根深い沖縄差別の故である。

アメリカの沖縄植民地支配（一九四五〜一九七二）は、サンフランシスコ講和条約第三条と、それに基づいたアメリカの沖縄統治を見ることで分かる。国語辞典は、言葉の意味（内容）を、その社会で認められた定義をしている。国語辞典にのる言葉の意味は、社会に通用する常識的なものになる。私は、この国語辞典に当たりながら書いている。講和条約第三条「…合衆国を唯一の施政権者とする…」の「施政権」とは、国語辞典によると、「立法・司法・行政の三権を行使する権限」である。同条の後段には「…合衆国は、行政立法及び司法上の権力の全部及び一部を行使する権利を有する…」とあって、二つの文章は同じことを規定している。また、「国家権力」と「統治権」は同義で、「立法権・司法権・行政権の総称」とある。さらに、「統治権は国土・人民を支配する権限」とある。韓国が「韓国併合条約（…一切ノ統治権ヲ…日本国皇帝陛下ニ譲与ス）」によって日本の植民地にされたように、講和条約第三条によって沖縄はアメリカの植民地になった。

ニミッツ布告（一九四五）から講和条約発効（一九五二）までのアメリカ沖縄植民地支配のことは、すでに書いたこと（国の人口調査で沖縄除外・選挙権剝奪・憲法の適用外など）で明らかである。このようなアメリカの沖縄植民地支配の事実から、沖縄戦はアメリカが沖縄を植民地にするためになした侵略戦争という外ない。アメリカの対日戦争は、日本の侵略・植民地支配、その元にある天皇制ファシズム体制を解体して日本をアメリカの勢力圏とし、対共産圏の軍事基地化するための戦争であったと言えよう。とくに沖縄戦は、太平洋の要石《かなめいし》・沖縄に軍事基地を配備し、永久的な無条件自由使用のために領有、植民地支配するための戦争だった。日本が降伏すれば、アメリカ軍は日本全土（沖縄）を占領支配し、占領期間が終われば撤退しなければならない。アメリカは、沖縄戦開始の時点（三月二三日）でドイツの降伏（五月八日）は見えていたから、日本の降伏も近いと考え、沖縄を一刻も早く占領し植民地支配の既成事実化を計る必要があった。そのため沖縄守備軍（正規軍八万六四〇〇人・現地召集の民間人を合わせて約十一万人）に対して、アメリカ軍は兵員五十四万八〇〇〇人で、上陸前に艦砲射撃と戦略爆撃を徹底的に行ったあと、酸鼻・地獄と言われる地上戦を展開した。私は、アメリカの沖縄戦における住民（非戦闘員）、現地召集の女・子供・老人兵の殺害は戦争犯罪に当たると考えている。

さらに、広島・長崎への原爆投下も、アメリカが第二次世界大戦で犯した重大な戦争犯罪だと考えている。一九九四年、アメリカ国立スミソニアン博物館で計画された「原爆展」をめぐって原爆論争が起きた際、上院本会議の全員一致の決議文は「第二次世界大戦におけるエノラ・ゲイは、戦争を慈悲深く終わらせ、アメリカ人と日本人の命を救うことに寄与するという記念すべき役割を果たした。[注12]…」と広島・長崎への原爆投下は戦争終結を早めたと言っている。しかし、一九四六〜四七年に作成された、米国戦略爆撃調査団「太平洋戦争報告書」には、「原爆投下が行われず、ロシアの参戦がなく、本土侵攻が計画ないし予定されていなくても、日本は一九四五年一二月三一日までには確実に、おそらくは一一月一日までに降伏した。[注13]」とあるように、早期終戦を図るために原爆投下がなされたのではない。アメリカは戦後の世界戦略上、自国の軍事力（原爆保有の軍事力）を示すために実地の投下実験をしたのだと、私は考える（――「エノラ・ゲイ」は科学計器やカメラを搭載した観測機に付き添われて日本本土へと飛行を続けていった）。[注14]広島のウラン型原爆と長崎のプルトニウム型原爆の威力を調べ、それを元に費用対効果を考えて、以後のプルトニウム型原爆製造を選択したのだと考えられる。ニューメキシコ州アラモゴード砂漠での原爆実験（七月一六日）で未曽有《みぞう》の破壊力を知っておりながら、戦略爆撃（都市・住民への無差別爆撃）で広島（約二十万人）・長崎（約十四万人）の市民を虐殺したことは、人道に反する戦争犯罪で、絶対に許してはならない。アメリカは戦争に紛れての沖縄侵略・植民地支配と空襲（戦略爆撃）を隠れ蓑にして広島・長崎で核実験をしたと、私は考えている。戦後、日本政府は占領下であってもアメリカ政府に対し、本土の間接統治と異なる沖縄直接統治（軍政）に抗議してやめさせるべきであった。広島・長崎への原爆投下も、厳《げん》として抗議すべきであった。政府は八月十日に、「人道に対する犯罪」だと抗議していたのだから。日本政府は、アメリカの沖縄侵略・植民地支配と広島・長崎への原爆投下を国際法に反する戦争犯罪であると、アメリカ、連合国そして全世界の人々に訴えるべきだった。日本政府がそうしておれば、世界は沖縄や原爆の真実を知り、強国による侵略や核兵器の開発・保有をやめさせる力を生み出すことが出来たであろう。

「日本は原爆の投下について、戦後アメリカ政府に公式に抗議したり謝罪を求めたりしたことはない。太平洋戦争についてアメリカとの間では一九五一年サンフランシスコ講和条約を調印しており原爆投下についてアメリカ政府と争うことはできないというのが外務省の公式見解である。(注15)」

核兵器に関して、世界では一九五〇年ストックホルム=アピール（原子兵器の絶対禁止要求）が出され、この署名運動に世界中で五億人が参加した。日本の国民も、原水爆禁止運動を展開した。一方、第一次佐藤栄作内閣は一九六四年に、カーチス・ルメイ（アメリカ空軍参謀総長）に「勲一等旭日大綬章」を授与している。また、二〇〇七年、安倍内閣の久間防衛大臣は、「原爆投下はしようがなかった」と発言している。岸田首相は、自ら広島出身と言いながら、核兵器禁止条約の加盟を拒否している。歴代自民党内閣の核問題の対応は国民世論にそむき、また誤っている。原爆被害者は、アメリカ政府に謝罪と補償を求めるべきである。原爆投下（戦略爆撃の空襲も）という市民の大虐殺、戦争犯罪を犯したアメリカは、被害者に償う義務がある。

スミソニアン博物館で計画された「原爆展」は、原爆が戦争終結を早め、多くの人命を救ったという「神話」を考え直そうと企画されたもので、この企画はアメリカの良心の表れである。広島・長崎への原爆投下は市民の大虐殺と都市の壊滅という人道にそむく戦争犯罪であったことをアメリカ国民が知れば、必ず被爆者への謝罪と補償・核兵器禁止へ進むと、私は信じている。

沖縄県民にとって沖縄戦は、沖縄防衛の自衛戦争であった。アメリカにとって沖縄戦は、沖縄領有・植民地支配するための侵略戦争であった。私は、沖縄は独立して主権をもち、沖縄を戦前の状態に原状回復（米軍基地の即時無条件全面返還撤去・米軍の撤退）させるのがよいと考えている。今に続く、日本政府・本土日本人による沖縄差別は、一八七〇年代から顕著になり沖縄戦において県民の生命・存在に心を寄せることなどない、信じられない差別がなされた。

吉田内閣がアメリカに沖縄の統治権（施政権）を譲渡することを規定したサンフランシスコ講和条約を締結したことは、すでに述べた。吉田首相は独裁で西側諸国と単独講和条約・日米安保条約を締結した外に、造船疑獄事件で、してはならない指揮権発動をした。戦後最大の疑獄事件・指揮権発動は、一九七五年社会科教員になった私が事実を知りたいとずっと思っていたことだった。一九八八年五月、新聞に「秋霜烈日——伊藤栄樹の回想」が連載され、事件の真相が明らかになった。事件は海運、造船会社と国会議員、官僚が関わる贈収賄事件であった。

東京地検特捜部が疑獄の解明を進め、検事総長が与党自由党幹事長・衆議院議員佐藤栄作を収賄容疑で逮捕したいと犬養法相に請訓したとき法相によって指揮権が発動されて、佐藤は逮捕を免かれ、その後捜査は行き詰まり終結した。伊藤栄樹はこの事件の時、二八歳で特捜の一員として捜査にあたり、後に検事総長を務めた人である。伊藤栄樹「秋霜烈日・検事総長の回想」(注16)には次のように書かれている。

「…佐藤氏の逮捕理由は公表されてないが、日本造船工業会の幹部から造船助成法案の有利な修正などの請託を受け、その謝礼として一千百万円を自由党に供与させたという「第三者収賄の事実であったと思う。指揮権発動の後、この事実では、党に対する政治献金みたいなもので、佐藤氏が私服をこやしたわけでもなく、迫力がない。他に佐藤氏が個人の預金口座に入れた口がいくつかわかっており、中にはこれまで名前の上がっていない海運会社からの分もあったのだから、どうしてそっちで逮捕しなかったのだろう。…（三二頁)」「…。佐藤栄作幹事長を逮捕した後には、池田勇人政調会長を始め、なお何人かの国会議員の逮捕が予定されており、一体この事件はどこまで発展するのだろう…（三五頁)」

造船疑獄事件は、政（界）・財（界）・官（界）の癒着《ゆちゃく》による典型的な汚職事件である。吉田内閣の指揮権発動はどのような意味をもつのだろうか。指揮権が発動されていなければ、この事件に関わった人達は逮捕されて起訴され、それぞれ贈賄・収賄の罪に問われる。特捜の捜査は進んでいたから、裁判では有罪判決が出たであろう。ところが、指揮権発動によって犯罪が見逃されてしまった。これは法の正義の不成就になり、不正義がまかり通ったことになる。このことがその後の自民党内閣が関係する汚職事件（ロッキード事件、リクルート事件など）の起こる一因になった可能性がある。また、贈収賄によって行政が歪められ（海運・造船業界に有利な制度・法律制定）、究極的に国民の税金が海運・造船業界の利益のために費やされた。指揮権発動は、内閣の司法権の蚕食で近代民主政治の基本原理である三権分立の原理に反する。指揮権発動で、吉田内閣が独裁政権で反民主主義政権であることが国民に分かった。収賄した多くの国会議員・官僚が罪を問われなかったことで、後《のち》の国政に大きな影響が及んだ。特に佐藤・池田の二人は吉田首相が抜擢して側近とした人物であるが、逮捕を免れ、後に首相となって吉田の政治を継承する。

吉田首相が指揮権を発動させたことで、吉田内閣に対する国民の支持は失われ、また反吉田の日本民主党が結成されて吉田内閣は総辞職した。次に首相になった鳩山一郎は公職追放（GHQは戦争協力者・国家主義者を公職から追放）された人物で、政府の思想統制の画期となる滝川事件（一九三二）で、斎藤実内閣の文相として京大法学部滝川幸辰教授を休職処分（辞職に至る。法学部教官三九名全員が辞表提出→二〇名辞職）にした人物である。鳩山は保守合同（自由民主党結成）で国会で絶対多数を確保して、憲法改正を企てたが、参院選で社会党が進出し、改正は不可能になった。新教育委員会法（委員の公選制から任命制）の制定、教科書統制の開始など教育に対する国家統制を強化した。日ソ共同宣言（一九五六）でソ連と国交を回復し、国連に加盟した。鳩山内閣は、国連憲章第七八条に「国連の加盟国となった地域には信託統治は適用されない」規定があるのに、信託統治を前提とした講和条約第三条にかかるアメリカの沖縄統治権（施政権）の返還を求めることはしなかった。

次の首相、石橋湛山は戦前、政府の大陸侵略政策を批判して小日本主義を説いた人物であったが、病気のため三ヶ月で総辞職した。次の首相岸信介は、東条英機に抜擢され敗戦まで戦争を主導した。極東国際軍事裁判で、A級戦犯容疑で逮捕されたが、一次裁判終結後、裁判が打ち切られ、釈放されて衆議院議員になった人物である。岸内閣は「親米」と言われるが、この「親米」ということを考えてみたい。

敗戦から今日までの日本の政治を俯瞰《ふかん》してみる。日本本土の政治は、敗戦から講和条約発効までの期間はアメリカの占領統治で、日本政府の施策はGHQの指令によるものである。吉田首相が「自衛権の発動としての戦争も放棄（一九四六）」と言ったのは、アメリカの初期日本占領政策の基本が非軍事化にあったためであり、講和条約・安保条約の締結、警察予備隊、保安隊、自衛隊と再軍備したのは、アメリカが日本を対共産圏の軍事基地化する政策に転じたからである。日本政府は、講和条約発効後も対米協調外交と言われる、向米一辺倒の政策をとっている。これは言い換えれば、日本政府はアメリカの言いなりになっているということになる。外国の政治家から、日本はアメリカの属国視されている、という指摘を読んだが、その見方は当たっている。戦後日本の政治は、基本的にアメリカに支持され、アメリカに寄り添う保守政党によってなされた。この保守政党による政治は、一九五五年の鳩山内閣から、一九九三年の細川非自民連立内閣成立までの三八年に及ぶ自由民主党内閣の施政に際立《きわだ》っている。国政における一党支配は、独裁政治と言うべきである。

岸内閣は、一九五九年伊達判決（日米保安条約による米軍駐留は戦力の保持に該当し違憲）が出ると、アメリカの内政干渉に応じ、司法権の独立を侵して、最高裁にこの判決を破棄させた。岸内閣が締結した、日米相互協力及び安全保障条約（新安保条約・一九六〇）は、アメリカの望む軍事同盟化と日本の軍事力増強を定めるものであって、これはアメリカの世界戦略に適《かな》うものであった。新安保条約反対運動は東京から全国各地に空前の規模で広がったが、岸はこれを無視し条約は批准された。吉田内閣の旧安保条約締結と同じで、岸内閣は反民主主義、究極の独裁政治に終始した。

国会で社会党の飛鳥田一雄が「沖縄には日本国憲法は適用になっているのでしょうか」と問うた時、岸は「実際の問題としては、アメリカが一切の施政権を持っておりますから、憲法がここに施行されているということは言えないと思います」と答えている。(注17) 日本国憲法は、戦争放棄・国民主権・地方自治・基本的人権の保障を定めている。アメリカは沖縄を朝鮮戦争・ベトナム戦争に巻き込み、軍政を貫いて参政権・自治権はもちろん、沖縄の人々の生命・人権・尊厳を奪い、破壊した。アメリカ兵による暴行・殺人、米軍戦闘機の墜落（石川市・宮森小学校――死者一七人、負傷者二一〇人、犠牲者の大半が学童）、婦女暴行・殺人（永山由美子ちゃん事件――六歳の幼稚園児誘拐・強姦・惨殺事件、「…刑事部長が写真を焼いていた。…女性局部に棒などを突っ込んだ性犯罪現場の凄惨な証拠写真ばかりだった」(注18)）・土地強制収用…日本政府は、アメリカに沖縄を割譲し、沖縄の人々がアメリカにどんな非道なことをされても、何もしなかった。

次の首相、池田勇人は官僚出身で、吉田に抜擢され、第三次吉田内閣の大蔵大臣になった。講和会議では全権委員として条約に署名した人物である。造船疑獄事件で収賄容疑での逮捕を指揮権発動で免れた後、大臣を歴任し、岸内閣の通産大臣として新安保条約の成立を支持している。一九六〇年、国連総会は「植民地独立付与宣言」を採択した。「この決議は、信託統治地域、非自治地域を問わず、あらゆる形の植民地制度をできるだけ速やかにかつ無条件で終わらせることを宣言して、人民の自決権を承認し、独立達成に必要な措置をとるよう要請したものである(注19)。この宣言に刺激されて信託統治地域はすべて独立を達成し、非自治地域もかなりの部分が独立した。」

一九六一年の池田・ケネディ会談で、日本側外交文書で「沖縄の施政権返還を申し出さない」、アメリカ側外交文書で「施政権あるいはいかなる形であれ米国の統治に干渉する意図も全くない（232）」と記されてある池田は、講和条約（第三条）に日本全権委員として署名して沖縄をアメリカに割譲した負い目があるはずなのに、国連独立付与宣言が出ても、沖縄の自治・独立のために何もしなかった。それどころか、同会談で池田は「日本本土に核兵器を持ち込むことにはきびしい反対が予想されるので、核兵器の基地としての沖縄での米国の立場を維持することの必要性を十分に理解している（234）」と述べている。

一方、沖縄では、一九六二年二月に、琉球立法院決議が出された。決議は〈米国による沖縄統治が「領土の不拡大及び民族自決の方向に反し、国連憲章の信託統治の条件に該当せず、国連加盟国たる日本の主権平等を無視し、統治の実態もまた国連憲章の統治に関する原則に反するものである」と米国による沖縄支配をきびしく批判し、「日本領土内で住民の意思に反して不当な支配がなされていることに対し国連加盟諸国が注意を喚起されることを要望し、沖縄に対する日本の主権が速やかに回復されるよう尽力されんことを強く要望する」との要望書を国連加盟国（一〇四ヵ国）と国連本部に送付することに乗り出した（241～242）〉

この「要望書の国連加盟国への送付」の動きは、アメリカの対沖縄政策の決定的転換を迫るものであった。沖縄がアメリカの不法な沖縄支配を訴えたならば、加盟諸国のアメリカ批判が起こるのは必至だからである。すでに講和条約締結の際に、イギリスから独立したインドが、同条約第三条がアメリカの沖縄植民地支配を規定するものとして調印を拒否していたし、国連「植民地独立付与宣言」が成立した状況では、アメリカの沖縄植民地支配が世界から糾弾されることは、当のアメリカもよく理解していた。

アメリカは、一九四五年四月からハーグ陸戦法規の占領条項によって沖縄を占領支配すると宣言して、実際は沖縄を植民地支配した。アメリカは、今（一九六二年）、沖縄植民地支配を認めて沖縄の独立を承認し沖縄が主権をもつことは絶対に避けねばならない。またアメリカは、講和条約第三条で国連の信託統治制度に依拠することによって沖縄を信託統治するように言いながら、実際は沖縄を植民地支配してきた。アメリカは沖縄の信託統治（国連の信託統治国は信託統治領を独立させねばならないきまり）を認めて沖縄を独立させ、沖縄が主権を持つことは絶対に避けねばならない。沖縄が独立して主権を持てば、沖縄にアメリカ・米軍基地が存続することは不可能になるからである。沖縄の絶対世論は、基地のない沖縄を要求していた。アメリカの対日、対沖縄政策の基本命題は、対ソ連・対中国の世界戦略上の軍事要地である沖縄に米軍基地を存続させるということである。植民地沖縄が独立することは、アメリカの世界政策・戦略の破綻を意味する。沖縄の米軍基地の存続を可能にする途《みち》は、日米安全保障条約の永続化の下に、同条約によってアメリカ軍が沖縄に駐留するしかなかった。そこでアメリカは、領有・植民地支配してきた沖縄を日本に返還することを決めたのである。

病気で総辞職した池田の後継は、吉田に抜擢され、側近・閣僚として吉田政権を支えた佐藤栄作である。佐藤は吉田派を継承し、自民党最大派閥（佐藤派）を形成した。佐藤は実兄の岸信介の孫にあたる安倍晋三に抜かれるまで、戦後最長の首相在位期間（一位安倍、二位佐藤、三位吉田、四位小泉、五位中曽根、六位池田、七位岸）の記録をもち、議院内閣制独裁政治を行なった。佐藤内閣は、アメリカの反共政策、財界の要望に応じて、韓国朴軍事独裁政権と日韓基本条約を締結した（一九六五）。条約で、「大韓民国政府を朝鮮にある唯一の合法的な政府」と認めて、朝鮮民主主義人民共和国を敵視、南北分断・対立を深化させた。そもそも朝鮮が二つの国に分裂しているのは、日本が朝鮮を侵略・植民地支配し、大戦で北緯三八度線を境に北はソ連、南はアメリカが支配したことに基因している。朝鮮の分裂に責任がある日本が、分裂を固定化する条約を、日韓両国民の反対を無視して締結したのである。自民党内閣は、日本人拉致問題の解決が内閣の最重要課題と言っているが、基本条約がもとで朝鮮民主主義人民共和国とは今だ国交がない。日韓請求権協定（一九六五）には、「両国及びその国民間の請求権に関する問題は完全かつ最終的に解決されたことを確認する」と規定している。日本政府はこの条項を根拠に、元従軍慰安婦らの補償要求について、補償問題は解決済みと突っぱねている。「請求権」に関して、サンフランシスコ講和条約第一九条は「日本国は戦争から生じ、又は戦争状態が存在したためにとられた行動から生じた連合国及びその国民に対する日本国及びその国民の全ての請求権を放棄し、且つこの条約の効力発生の前に、日本国領域におけるいずれかの連合国の軍隊又は当局の存在、職務遂行又は行動から生じたすべての請求権を放棄する」と規定し、アメリカ（連合国）は日本の請求権の放棄を定めている。

佐藤内閣は、一九七一年、沖縄返還協定に調印、衆・参両院とも自民党単独採決で承認、一九七二年五月沖縄の施政権返還が実現した。沖縄は一九五一年、日本復帰運動を起こし成人住民の七二％の署名を集め復帰の意思を明示したが、吉田内閣（佐藤は閣僚）はこれを無視し講和条約を締結している。佐藤内閣の沖縄返還要望は、アメリカにとって渡りに船であったろう。安保条約の自動延長で、施政権を返還した後も沖縄の米軍基地を自由に運用することが可能になるので、佐藤内閣の沖縄返還要望は、講和条約第三条にもとづく沖縄植民地支配の不法性脱却の好機であった。

佐藤は、沖縄返還の日米合意を評価されて、一九七四年のノーベル平和賞を受賞している。沖縄は、「日本国憲法のもとで核兵器も軍事基地もない平和で豊かな沖縄の実現のための復帰」を要求していた。佐藤内閣は沖縄の要求を無視し、アメリカの求める米軍基地の温存・自由使用を認めた。さらに佐藤は、合意を得るために核密約（米国は核兵器を撤去するが、再持ち込みする）、財政密約（米国が自発的に支払うとされていた土地の原状回復費四〇〇万ドルを日本側が肩代わり負担する）まで交わしていた。この財政密約を毎日新聞西山太一記者が把握、公表すると、政府は外務省職員と合わせて罪に問うた。西山記者のしたことは知る権利に法《のっと》ったものであり、外務省職員の行動は内部告発であって憲法第一五条二項に適《かな》う正義の行動である。佐藤内閣こそ、ウィルソンの十四か条の平和原則――秘密外交の廃止に反し、また日本の国益をはなはだしく損なうもので政治責任が問われなくてはならなかった。秘密外交の廃止（外交は国民に対し公正かつ公開的に行われるべきでること）は、国民主権論から出た考えで、佐藤内閣の秘密外交は、国民を無視した政権の独裁性を表している。その数知ることのできない日本政府の秘密外交の一つに、「自衛隊の発足を目前にした一九五四年二月八日にもハル米極東軍司令官とアリソン駐日大使が吉田首相と自衛隊は有事のさい米軍の司令官の指揮下に入るとの合意（85）」を交わしている。現在の米軍、日本軍の関係は、このような密約によって出来ている。沖縄返還協定は、核密約、財政密約、請求権の放棄など、日本の国益を著《いちじる》しく損なうものであった。

沖縄返還は本来、日本は主権国家として一九四五年の沖縄戦から二七年間、アメリカの植民地支配下にあった沖縄の独立と県民の人権を回復、確立すべきものだった。アメリカは、沖縄の侵略・植民地支配をむき出しの暴力・軍隊によってなし、講和条約でその植民地支配に合法性の装《よそお》いを加えた。アメリカは、戦争で沖縄県民を殺し、自然を破壊した。植民地支配で土地を奪い、自由も選挙権も奪い、県民の人権・尊厳を無きものにした。県民は、言葉にならない極限の苦しみ悲しみに落としこまれた。それでも沖縄県民は屈することなく、正義を求めて生きた。

対してアメリカは、沖縄返還協定第四条に「日本国は、この協定の効力発生の日前に琉球諸島及び大東諸島におけるアメリカ合衆国の軍隊若しくは当局の存在、職務遂行若しくは行動又はこれらの諸島に影響を及ぼしたアメリカ合衆国の軍隊若しくは当局の存在、職務遂行若しくは行動から生じたアメリカ合衆国及びその国民並びにこれらの諸島の現地当局に対する日本国及びその国民のすべての請求権を放棄する」を書き込ませている。請求権の放棄は、講和条約でアメリカが日本に、日韓請求権協定（一九六五年）で日本が韓国に突きつけている。アメリカの沖縄返還外交は、盗人猛猛《ぬすっとたけだけ》しいと言う以上の非情、非道さである。この条文を読めば、佐藤内閣が沖縄県民を人とも考えていないことがよく分かる。

日本でさえ、侵略・植民地支配した国々、人々に対し（全ての国、すべての人に対してではない）、「反省とお詫び」をし、非常に不十分ながら賠償、補償をしている。「アメリカは沖縄を侵略・植民地支配したことを反省し、沖縄県・県民に謝罪し、賠償、補償しなくてはならない」——私は自民党内閣がこのような要求をアメリカにすることはないと思うから、沖縄県、沖縄県民がアメリカに対し賠償、補償請求すべきだと考えている。アメリカ国民が一九四五年以降の沖縄の歴史、アメリカの沖縄植民地支配の事実、実態を知れば、必ず沖縄の要求に応えてくれると思う。――アメリカは独立革命（市民革命）を成し遂げた国であるから。

佐藤栄作は、個人としてノーベル平和賞を受賞し、賞金を得ている。佐藤は一九六四年から一九七二年まで首相の地位にあった。私は一九六三年、反戦の考えは持って上京、大学に入った。当時、正義を求める多くの学生が学生運動に参加していた。その学生運動に佐藤は敵対して立っていた。佐藤内閣の政策は、朝鮮の分断をもたらす日韓基本条約の締結、アメリカ・ベトナム戦争の支持、中国封じ込め、機動隊の増強、デモ規制の強化など、平和主義や民主主義に全く縁のないものだった。当時は知らなかったが、六〇年代後半に、佐藤政権は極秘裏に内閣調査室において原爆製造の可能性を検討し、米国にもその意思を示唆している。(注20) 佐藤のノーベル平和賞を知った時、私はノーベル平和賞はこんなものかと思った。一九九四年一〇月の新聞で、(注21) 加瀬俊一元国連大使が、佐藤に授賞させるため違反行為の事前運動をしたということを知った。そして二〇〇一年、ノーベル平和賞委員会が平和賞創設百周年を記念して出版した「ノーベル平和賞　平和への百年」は「米紙ワシントン・ポストはノーベル賞委員会が日本の陳情にだまされたと論じた」、と書いている。同書の著者は「佐藤氏を選んだことはノーベル賞委員会が犯した最大の誤り」と批判している。権力に不正、腐敗はつきもので、国会議員の地位、権力を悪用する者は多いが、佐藤の場合は核兵器の製造を意図しながらの「非核三原則宣言」、「核密約」付きの沖縄返還協定、ノーベル平和賞獲得工作など、ここまでやるかという異常さである。佐藤内閣は私利、党利で国政を誤り、国益を著しく損なわせた。佐藤の沖縄政策は、沖縄県民の人権、尊厳・心を踏みにじる非道なものであった。

沖縄は「日本国憲法の下で核兵器も軍事基地もない平和で豊かな沖縄の実現のための復帰」を求めたが、米軍基地が安保条約、地位協定の下に居座《いすわ》り、結果、沖縄の求めたものは何一つかなえられなかった。憲法は布《し》かれたが、在日米軍基地の七三・八％（現在七〇・六％）に当たる基地の存在が、法の下の平等を定める憲法第一四条を空文と化している。米公文書によると、沖縄は冷戦期、アジア・太平洋地域で「最大の核弾薬庫」の役割を果たし、核兵器の数はベトナム戦争のピーク時の一九六七年には一三〇〇発近くに上った、とある。代表的なのが射程二二〇〇キロ超の核巡航ミサイル「メースB」で読谷村など沖縄内四ヵ所の発射基地に配備、計三二基のミサイルがソ連極東や中国を射程に収めた。

「一九六五年、沖縄近海で米航空母艦から水爆を積んだ攻撃機が操縦士とともに滑り落ち未回収。外務省はこの事実を一九八一年に確認したが、公表しなかった。(注22)」恐怖で心がふるえ上がるのは、「一九六二年米ソが全面戦争の瀬戸際に至ったキューバ危機の際、米軍内でソ連極東地域などを標的とする沖縄のミサイル部隊に核攻撃命令が誤って出され、現場の発射指揮官の判断で発射が回避されていたという事実（二〇一四年判明）である。キューバ危機の際、ソ連潜水艦が核魚雷を発射寸前になる事態があったこともソ連崩壊後に明らかになっている。現在（二〇一四年）も米国とロシアはそれぞれ数百基の核ミサイルを即時発射可能な状態に置いていて、偶発的なリスクが今もある。[注23]」偶発的なリスクに加えて、今、世界は「独裁者」による核戦争におびえている。

「広島を破壊した原爆のエネルギーの爆発力は、約一三キロトン（TNT火薬に換算して一万三〇〇〇トン）であった。他方、今日の戦略核兵器の大部分の起爆力は一メガトンから一〇メガトン（TNT火薬に換算して一〇〇万トンから一〇〇〇万トン）である。[注24]（ゲイル、ハウザー「チェルノブイリ——アメリカ人医師の体験」（199））一・三メガトンの戦略核兵器は、広島原爆の一〇〇倍の爆発力をもつ。広島原爆で、市民約二〇万人が虐殺された。一・三メガトンの核兵器が実際に使用されたら、二〇万人の一〇〇倍の人（二〇〇〇万人）が虐殺される計算になる。もし、一〇メガトンの核兵器が使用されたら？……

また同書には、「第二次世界大戦を見てみると、連合軍が投下した在来型爆弾の爆発力は合計して約三メガトンであった。（199）」とある。

スウェーデンのストックホルム国際平和研究所は、二〇二三年一月時点で、「米国、ロシア、フランス、中国、英国、インド、パキスタン、イスラエル、北朝鮮の世界九ヵ国が保有する核弾頭は一万二五一二発。うちロシア（五八八九発）・米国（五二四四発）が約九割を占める[注25]」と報告している。中国（四一〇発）・フランス（二九〇発）・英国（二二五発）・パキスタン（一七〇発）・インド（一六四発）・イスラエル（九〇発）・北朝鮮（三〇発）とつづく。「現在、世界には潜水艦、航空機、艦船に搭載されたり、地下格納庫に収容されたりして、五万個の核弾頭が存在している。それらの爆発力を総計すると、ＴＮＴ火薬に換算して二〇〇億トンに相当し、その爆発力は広島に落下された原爆の一六〇万倍ということになる。（20）」、「だが、チェルノブイリで放出されたプルトニウム原子の半数は、二万四〇〇〇年にわたって人間を死に至らしめる潜在性があり、その四分の一にはそうした潜在性が西暦五万年まで存続してゆく。（40）」原爆と原子力発電所は、プルトニウムによって存在するものである。

　現在（二〇二三・二）、岸田内閣はアメリカと、合同で敵基地攻撃を行うことを合意し、大軍拡を進めようとしている。沖縄は復帰後、自衛隊が進駐し、日米両国軍の数えきれないほどの、広大な軍事基地が存在している。アメリカ、日本が戦争することになれば、相手国も敵基地攻撃で太平洋の要石、沖縄を攻撃してくるのは確実である。その攻撃に核兵器が使われることがないと、誰が言えよう。ドイツ国民の多くが、ドイツ製戦車をウクライナへ供与するのに反対したのは、プーチン・ロシアのドイツへの核報復攻撃を恐れたからである。ドイツ政府が戦車の供与を決めた今、ドイツ国民はプーチン、核ミサイル発射を思い、恐怖に心戦《おのの》かせているに違いない。生存権、平和的生存権が言われるが、沖縄県民は米軍機の墜落で生命を奪われ、米軍基地が存在することによって、四六時中、絶えず戦略爆撃機、潜水艦、ミサイルによる核兵器の攻撃に怯《おび》えながら生きているのである。「沖縄の負担軽減のための普天間基地・辺野古移設を理解してもらいたい」と、訳の分からない、一つ覚えの音声を繰り返す、安倍、菅、岸田内閣にあきれ、怒りを覚えているのは、私だけではあるまい。

沖縄の「豊かな沖縄の実現のための復帰要求」は、米軍基地の存続で実現していない。主力産業の観光産業は、二〇〇一年の「アメリカ同時多発テロ事件」で沖縄を訪れる観光客が激減したように、米軍基地の存在が観光産業発展の障害になっている。米軍基地が本島面積の二〇％（現在一五％）を占め、産業発展の条件となる土地が確保出来ず、沖縄の県民所得は全国最低である。

沖縄が、沖縄戦からずっと求め続けたのは、「平和」と「アメリカからの独立」であった。しかし日本政府は、沖縄戦中からアメリカの直接統治（軍政）を許し、アメリカの植民地支配をサンフランシスコ講和条約で法的にも認めた。同時に結んだ日米安全保障条約で米軍は日本に駐留し、一九六〇年の安保改定で日米は軍事同盟国になり、沖縄はアメリカ・日本の戦争に直結することになった。

アメリカ（米軍政府）は、沖縄植民地支配を続けるため、反米的人物の不法弾圧を続けた。沖縄人民党の瀬長亀次郎を投獄、一九五六年瀬長が那覇市長に選ばれると、追放するなどした。一九六五年の立法院議員選挙で保守派を勝たせるためにライシャワー駐日大使が本土の自民党を経由して「二五万ドル（当時のレートで約九〇〇〇万円）」以上と言われる秘密選挙資金の工面をはかったり、四名の立候補者の失格を宣言・公民権剥奪を行った。(255)

また、一九六八年琉球政府の行政主席公選で、日（佐藤首相）米両政府は親米保守系勝利へ工作を重ねた。米公文書には、沖縄自民党が一票あたり「一〇〇〇～一五〇〇円」で買収をしていたとの記録もある。在日米大使館が一九六八年八月に沖縄の高等弁務官に宛てた電報によると、保守系の西銘順治氏を支える「沖縄自民党」の吉元栄真副総裁は八月一五日、自民党の福田幹事長と面談。同月二二日に二八万ドル、九月一六日に二二万ドル、一〇月一五日に二二万ドルを受取る確約を得たとある。アメリカと日本政府（佐藤首相）の工作にもかかわらず、革新勢力の擁立する屋良朝苗が圧勝した。この結果、日米両政府は沖縄の施政権返還交渉を秘密裏(注26)に開始したのである。

沖縄は平和の実現を求めたのに、返還協定で米軍基地の存続、日米安全保障条約の適用で、日本は戦争への道を進む。戦争への道とは、核戦争に続く道である。（一九七八年、福田首相は「憲法の純粋な解釈論といたしましては、自衛のため必要最小限の兵備はこれを持ち得る。それが細菌兵器であろうがあるいは核兵器であろうが差別はないのだ」と言明している。）まず実戦を担う自衛隊の沖縄進駐、基地拡大化がある。日本国憲法は戦争の放棄を定めているので、自民党内閣は憲法を骨抜きにし、順次戦争法を制定していく。一九九一年、湾岸戦争でペルシア湾へ自衛隊の掃海艇派遣以後、一九九二年国連平和維持活動協力法、一九九九年新ガイドライン（日米防衛協力のための指針）関連法（周辺事態法など）、二〇〇一年テロ対策特別措置法、二〇〇三年有事関連三法（武力攻撃事態法など）、二〇〇三年イラク復興支援特別措置法などを制定していった。これらの法の下、小泉内閣がアメリカのイラク戦争に加担し、自衛隊をイラク戦地に派遣した。一方、沖縄では一九九五年米兵三人による女子小学生暴行事件を機に、米軍基地を無くせよという大抗議運動が起こった。橋本内閣は米軍基地の県内移設を内容とするサコ合意を結んだ（一九九六年）。そして小泉内閣が、二〇〇六年普天間基地の移設先を辺野古に独断で決め、後継の安倍晋三が二〇一三年に、普天間基地の県外移設を公約にかかげて当選した自民党知事に辺野古埋め立て許可申請を出し、辺野古新米軍基地建設に着手した。沖縄はもとより、日本本土、外国からの反対の声を無視して、安倍、菅、岸田内閣は移設工事を強行している。沖縄の軍事基地（アメリカ、日本とも）は無くしていかねばならないのであって、米軍基地の新設は絶対してはならない。辺野古移設は人道上、人として、絶対にしてはならないことである。

7

戦後、首相在職日数の多いのは、一位安倍、二位佐藤、三位吉田の順である。議院内閣制による政治は、その政治体制の故に独裁政治になると述べた。独裁政権は腐敗し、誤りを犯すとも書いた。今一度、この三者の内閣のしたことを考えてみる。吉田内閣は、閣僚（佐藤・池田）が賄賂をとった造船疑獄事件で、指揮権を発動して、検察の捜査を打ち切らせた。また戦力の不保持を定めた憲法に反して軍隊を創設した。サンフランシスコ講和条約第三条で沖縄をアメリカに割譲し、日米安保条約を吉田一人で調印し、締結した。佐藤は造船疑獄事件で収賄し、行政をゆがめた。アメリカのベトナム戦争を支持するなど憲法の平和主義に反した。沖縄の祖国復帰運動を不法に抑圧し、後に「核密約」、「経済密約」を結ぶ秘密外交で、日本・日本国民（沖縄県・沖縄県民）の請求権放棄を定めた沖縄返還協定を締結した。また佐藤は、してはならない事前活動で、ノーベル平和賞最大の誤りと非難される同賞受賞をなしている。

首相在職日数の一番多いのは、安倍晋三である。首相の職に就くには、自らが国会議員となり、首相指名を支持する国会議員が衆議院で過半数を占めることが必要である。安倍首相就任について具体的に言えば、本人と自民党・与党公明党が衆議院議員選挙で勝利すれば可能になる。自民党は選挙に強い。その理由に、創価学会を母体とする公明党との選挙協力が挙げられる。また明治神宮、神社本庁などが関わる日本会議の支援もある（二〇一五年九月現在、自民党国会議員二四六名が会員。安倍・菅・岸田も)。フランス「ル・モンド紙」に、「一九三〇年代の日本の帝国主義を擁護する強力な超国家主義団体である」と報じられた日本会議は、基本運動方針として①皇室の尊崇②憲法改正③国防の充実④愛国教育の推進を掲げている。(注27)自民党は選挙で、買収事件も起こしている。安倍は、国費で開催される桜を見る会に、自身の後援会員を招待している。

安倍内閣は、森友・加計学園事件に関係している。私は、加計学園獣医学部新設予定地の愛媛県今治市で生まれ育ち、県、市が県民が収めた税金九六億円・用地三六億円分を補助することを知っていたから、文科省の認可がどうなるか注視していた。その中で、「総理の意向」という言葉を何度も見聞きした。首相夫妻と関わりのあった私立幼稚園に国有地を破格の廉価で売り渡したり、また首相の親友が経営する大学の獣医学部新設を、認可を争う他大学を色々な条件をつけて外し、文科省から教授体制の不備が指摘されていたのに最終的に新設認可したのは、安倍政権の関与があったからだと、事件を見てきた多くの人が考えている。憲法で「すべて公務員は全体の奉仕者であって、一部の奉仕者ではない」と定められている公務員が、自分の利益になるでない、すぐ発覚するような不法な行為を敢えてするはずがない。この事件で公文書の書き換えをさせられた人は、上司の命令を拒んだが結局書き換え、良心に苦しみ自殺された。国家行政を、一部の者のために大きく曲げた森友・加計学園事件は、異常な事件だった。

事件の実態を見て、また官僚制が上意下達の指揮命令系統の確立を特徴とすることから考えて、国民の大多数は事件は安倍首相の指示・命令から始まったと考えている。安倍首相は「私や妻らが関わっていれば、首相も国会議員も辞める」と言ったが、辞職することはなかった。さらに、安倍内閣に近い検事を検事総長にするために、「国家公務員法」の改正を計ったが、検事の不法行為が明るみになって、ならなかった。

安倍内閣は、民主党内閣が「二〇三〇年代に原発ゼロ」を目標とし、二〇一三年から日本は原発なしで動いていたのに、原子力発電所の再稼働を決定した。さらに、「集団的自衛権の容認」を閣議決定し、戦争法（安保法）を制定して、法的にあらゆる戦争を可能にした。沖縄が求めた「平和」は、吉田内閣の日米安保条約の締結と軍隊の創設、岸内閣の安保条約改定による日米軍事同盟化、佐藤内閣の核密約付き沖縄返還協定の締結、そして安倍内閣による集団的自衛権容認・戦争法制定によって、たとえようもないほど危ういものになった。

憲法第九九条の、国務大臣の憲法尊重・擁護義務に照らして、吉田、岸、佐藤、安倍内閣は、してはならないことをしてきた。これらの政権は、いずれも反民主主義の独裁政権の故に政治を誤り、モラルに欠けて、日本の社会に深刻な道徳の荒廃をもたらした。安倍内閣は正義のない政権であった。政府に正義がないということは、すなわち日本に正義がないということになる。

プーチン・ロシアは、二〇一四年ウクライナのクリミア半島を軍事侵略して併合した。翌二〇一五年、プーチンは、「併合時に欧米からの妨害に対抗するため核兵器の使用を検討していた」と発言した。わが国は、ロシアのクリミア併合を認めず、ロシア軍の撤退を要求することが正しい道だつた。ところが安倍内閣の対ロシア外交は、プーチンの日本訪問歓迎、安倍首相夫妻の一七回にも及ぶロシア公式訪問、三〇〇〇億円の経済援助など、プーチン個人、その独裁政権を支え、強化するものであった。安倍内閣の、正義に外れた外交政策が、今日のロシアによるウクライナ侵略戦争の大きな一因となっている。

安倍内閣の政治課題は、拉致問題の解決と、普天間基地の無条件返還・撤去の実現であった。二〇一六年四月、沖縄県うるま市で、元アメリカ海兵隊員の軍属が、二〇歳女性の暴行殺害事件を起こした。女性が遺体で見つかって一週間後の五月二六日、沖縄県議会は一九七二年本土復帰以降初めて「海兵隊撤退要求」を盛り込んだ抗議決議を可決した。沖縄への基地集中は、沖縄戦中から占領地域の住民を収容所に隔離して広大な土地を奪い（現在、宜野湾市の米軍基地面積の九二％が民有地）、沖縄戦と本土攻撃用、戦後の世界戦略のための基地を建設したことに始まる。一九五二年の講和条約発効でアメリカの沖縄統治が続き、米軍は「銃剣とブルドーザー」と例えられる強制的な土地接収を続け、基地を増強した。現在、沖縄に駐留する海兵隊も本土から移駐した（米海兵隊員数の推移――一九五四年・本土二万五八七三、

沖縄〇↓一九五八年・本土五四九六、沖縄一万四一二四↓二〇一一年・本土二二二〇、沖縄一万五三六五）。米軍基地の沖縄集中（一九五〇年初め、本土九〇％近く、沖縄一〇％余り↓二〇二三年、本土約二九％、沖縄約七一％）が、沖縄の米軍基地問題の根底にある。

アメリカ人軍属による女性暴行殺害事件に抗議する「県民大会」が、六月一九日那覇市で共産・社民などでつくるオール沖縄会議の主催で開かれた（自民・公明両党は参加せず）。新聞記事によると、〈沖縄県民大会決議文、以下決議――日米両政府に対し強く要求する。一、日米両政府は遺族及び県民に対し謝罪し、完全な補償を行うこと　二、在沖米海兵隊の撤退及び米軍基地の大幅な整理・縮小、県内移設によらない普天間飛行場の閉鎖・撤去を行うこと　三、日米地位協定の抜本的改定を行うこと（注28）〉

また新聞は、若い世代を代表にしたスピーチを伝えている。

〈大学生の玉城愛さん（二一）は、安倍晋三首相と本土に住む日本国民に向けて「今回の事件の『第二の加害者』はあなたたちだ」と涙ながらに訴えた。事件後に政府が打ち出した再発防止策に触れ、「パトカーを増やして護身術を学べば、私たちの命は安全になるのか。再発防止や綱紀粛正などという、使い古された幼稚で安易な提案は意味を持たない」と批判した。オバマ大統領の名を呼び「アメリカから日本を解放してください。私たちは奴隷ではない。被害

者とウチナーンチュ（沖縄の人）に真剣に向き合い、謝ってください」と語気を強めた。〉（注29）

安倍内閣は、この県民大会、沖縄の心の叫びにも、何も感じることはなく、明くる二〇一七年四月、辺野古新米軍基地建設工事を開始した。二〇一八年、辺野古移設反対を貫いた翁長知事の意思を継いだ玉城デニー新知事が就任しても、二〇一九年沖縄県民投票で七〇％を超える人が移設反対の意思を表明しても、国民世論調査で六割近くが反対しても、安倍、菅、岸田現内閣と移設工事を強行している。

私はかねてから、辺野古新米軍基地建設に関わる内閣、国会議員、官僚、企業などの人々の責任を問わねばならないと考えてきた。米軍の駐留を認めた佐藤内閣、米軍基地の県内移設に合意した橋本内閣、移設先を辺野古に決めた小泉内閣、そして建設工事を始めた安倍、つづく菅、岸田内閣の政治責任は重い。辺野古埋め立ては、「国政は、国民の厳粛な信託による」と定める憲法に反し、「その福利は国民がこれを享受する」とあるのに、福利とは真逆のものを沖縄県民にもたらすものである。憲法は「国民の、国民による、国民のための政治」を人類普遍の原理と宣言している。辺野古埋め立ては、法律、憲法、自然法（時空をこえて存在する人道主義の理性法）に背《そむ》く、政治犯罪である。私は、安倍内閣から菅・岸田内閣成立にかかわる国会議員に、その政治責任をとらさなくてはならないと考える。責任をとらせるとは、彼らに辺野古埋め立て工事費分を国庫に納めさせ、辺野古の原状回復工事分を支払わせるということである。他に、辺野古埋め立てに大小の違いはあるが、責任があると考える人達がいる。与党以外の野党国会議員は、国民の大多数が埋め立てに反対する中で、国民の代表者として政府の埋め立てを阻止することに力を尽くさなかったことで責任がある。国家公務員で埋め立てを推進している者、大手ゼネコン企業をはじめとして埋め立て工事を受注し工事を実施している企業。さらに、埋め立てに関わる部署の公務員、埋め立て工事に関わる会社員、埋め立てを決めた国会議員を選出した国民（選挙民）、政府の埋め立てを阻止・撤回させてこなかった本土国民（私もその一人）にも責任がある。ミャンマーでは、軍事独裁権拒否のストライキを、公務員をはじめとする市民が、生命をかけて実行している。

以前、私はイギリスＢＢＣ制作のベトナム戦争にかかわるテレビ番組を、ＮＨＫの放送で見た。番組は、ベトナム戦争の最中、アメリカ軍部隊が起こしたソンミ虐殺事件（上官の命令で村民を無差別に虐殺した）のその後をとりあげていた。上官の命令に従って村民を虐殺した罪に問われた元兵士は、精神に異常をきたしたのか、身体中を小刻みに震わせていた。上官の命令を拒否して、村民殺害に加わらなかった元兵士は、晴れやかな顔をしていた。私はこの番組を見て、アメリカではしてはいけないこと（村民の無差別虐殺）は、戦争の最中、上官の命令であってもしてはいけない、ということと、命令に従えば行為の責任を問われ処罰されることを知った。アメリカでは、個人の行為の結果に責任を問う。これは、個人（個人の主体性）を尊重する考えである。してはいけないことは、上官の命令であってもしてはならないし、その責任を問われ、負わねばならない。してはならない辺野古埋め立てをしてきた、安倍・菅・岸田内閣は、その責任を負わねばならない。

安倍内閣は、集団的自衛権を認め、戦争法を制定して、同盟国と共にどんな戦争でも出来るようにした。岸田内閣は、安倍内閣に輪をかけて好戦的である。良心的兵役拒否、戦争拒否は正しいいことである。青年、国民は、政府が徴兵制を布いても、兵役を拒否しなくてはならない。自衛隊員は、総理大臣にはじまる上官の命令であっても、国際法に反する戦争（例えばイラク戦争）をしてはならない。——私は人道から考えて、一切の戦争をしてはならないと考えている。

8

「沖縄の米軍基地を無くす」という思いをもって、十九世紀から現在までの歴史、政治を見てきた。沖縄はアメリカの植民地では、と気付いたのは、二〇一三年に沖縄を初めて訪ね、米軍基地を実際に目にした時である。返還前（一九四五〜一九七二）の沖縄は、日本の主権の及んでいない、自由・人権が抑圧された地だとは思っていたが、植民地だとは認識していなかった。勉強が足りなかった。今回、講和条約第三条全文を読んで、この条文は日本が沖縄をアメリカに割譲するという内容だとすぐ分かった。だが、普通の人がこの条文が載る資料を見つけることは、きわめてむつかしい。講和条約（前文と第七章二七条からなる）は、重要な史料なので教科書に載っているが、数か条、しかもその条文を省略化したものである。条文の規定する意味内容も、読みとりにくい。条約締結時に、日本の請求権放棄を定めた第一九条、その他の重要な条文も新聞などに掲載されてはないと考える。私は、この条約の全文を当時読んだのは、沖縄など帰属が問題になっていた地域の住民、国会議員、外交官、政治学者、マスコミ関係者、全面講和運動の参加者など限られた人達だったろうと考えている。そういう状況が現在まで続き、条約第三条を知らなかったが故に、アメリカの沖縄植民地支配を大多数の日本人は、私がそうであったように、認識出来なかった。アメリカ人は、日本人以上に講和条約の内容を知らないであろう。アメリカ国民が同条約を知って、アメリカの沖縄植民地支配を認識すれば、沖縄の現状を変える契機になると、私は考える。

また私は、アメリカによる沖縄侵略・植民地支配と、戦略爆撃（東京・他都市町村の空襲、広島・長崎への原爆投下）は戦争犯罪に当たるので、沖縄県・県民と被爆者は、それぞれアメリカ政府に対し謝罪と賠償を求める裁判をアメリカ本土の裁判所に提訴すべきだと考えている。戦争や植民地支配の被害を受けた国や個人が、賠償を求める権利（請求権）は、国際法で認められた権利である。ポーランド政府は、二〇二二年九月、ドイツ政府に第二次世界大戦被害に対し、約一八三兆円の賠償請求をしている。

まず、アメリカの広島・長崎原爆投下の違法性について考えてみる。二つの原爆は、戦略爆撃で使用された。戦略爆撃は、敵の戦意喪失をねらい都市そのものを空爆で破壊する戦法である。最初の戦略爆撃は、ドイツが一九三七年スペイン内乱の際フランコ軍を支援するために実行したゲルニカ攻撃である。一瞬のうちに焦土と化した町ゲルニカを素材に、ピカソが戦争への怒りを込めて描いたのが「ゲルニカ」である。戦略爆撃は、民間人の無差別虐殺になり、人道上許されない。戦時国際法のハーグ空戦法規に定める「無防備都市攻撃の禁止」に違反する。

一九九四年、国立スミソニアン博物館が「原爆展」を計画した時、退役軍人たちが反対運動を起こして、米国議会上院が反対の決議を出し、スミソニアン博物館は計画を中止した。スミソニアン博物館は、アメリカ国民に、広島・長崎原爆の事実を知って考えてもらう、原爆投下・トルーマン大統領の投下命令について考えてもらおうという意図で「原爆展」を計画した。しかし、広島・長崎への原爆投下は戦争を早く終結させアメリカ兵及び日本人の生命を救った、原爆投下について今さら知り考えることはない、というアメリカ政府、議会、世論の前に原爆展はとりやめになった。朝日新聞による一九七一年一月のアメリカ世論調査では、「日本への原爆投下について――①やむを得なかった五四％、②間違いだった二一％」である。この結果や原爆展中止の経緯を見て私は、敗戦後、日本政府が原爆投下に抗議や賠償請求をしてこなかったことや、佐藤内閣が原爆投下を指揮した司令官に一九六四年一二月、勲一等旭日大授章を授与したり、「昭和天皇が一九七一年ヨーロッパ、一九七五年アメリカを訪問した当時、公式記者会見で、原爆投下について、気の毒だったがやむを得ないと発言」(注30)するなどの誤ったメッセージを発してきたことが、アメリカ人の原爆投下に対する評価に影響を及ぼしていると考える。アメリカ（政府・上院議会・退役軍人会など）が原爆投下をどう正当化しようとも、広島・長崎原爆投下は人道・国際法に反することは間違いない。世論調査で日本への原爆投下は間違いだったと回答した人達、スミソニアン博物館は、原爆投下は人道・国際法に反すると認識していた。

早くに、一九六三年、東京地裁は「原爆投下は国際法違反」の判決を出している。この裁判は、広島・長崎の被爆者ら五人が、サンフランシスコ講和条約で米国への賠償権を放棄した日本政府に、損害賠償を求め一九五五年に提訴した裁判である。一九六三年一二月の判決で、賠償請求を棄却。だが原爆投下は①無防備都市への無差別爆撃　②毒ガス以上ともいえる不必要な苦痛を与えたなどと指摘し、ハーグ陸戦条約（一九〇七）など戦時国際法の根本理念に違反するとした。原告は控訴せず、判決は確定した(注31)。

アメリカは何故、原爆投下のような人道、国際法に反する、してはならないことをしたのであろうか。代議制（議院内閣制・大統領制）は、民主制ではなく独裁制になると書いた。日本国憲法による議院内閣制が独裁政になることは、戦後史を見ることで理解出来たと思う。大統領制がそのシステムの故に独裁政になることもすでに書いたので、大統領制独裁を実態から示してみる。ロシアの大統領制独裁は、プーチンの独裁でいやというほど分かる。アメリカの大統領制独裁は、トランプの独裁によって証明される。プーチンやトランプの独裁は、異常な人格、考えをもった大統領が故の独裁だと考える人もいると思う。民主党のルーズベルトは一九四五年一月、異例の大統領四選を果たした。ところが四月に突然死し、副大統領のトルーマンが大統領になった。ルーズベルトが死に、トルーマンが大統領になったその日、トルーマンは初めてアメリカが原爆を開発していることを知った。ルーズベルトは、一発で都市もろとも十万人、二十万人を虐殺する破壊力をもつ原爆を、副大統領にも知らせず製造していた。また、その原爆を一度ならず二度も、広島、長崎と投下したトルーマン大統領。このルーズベルトやトルーマンの政治は、独裁政治としか他に言いようがないであろう。独裁政治は、独裁が故に誤る。

原爆の製造や使用は、絶対にしてはならないことである。二〇二一年一月に発効した「核兵器禁止条約」は、核兵器の製造、保有、配置、使用、使用の威嚇などを禁止し、核兵器を使用した締約国は被害者への援助を行う責任などを定めている。広島・長崎の原爆被害者がアメリカ政府に賠償を求めて、アメリカの裁判所に提訴すれば、必ず勝利し請求が認められるであろう。裁判を提起することと裁判で勝訴することによって、アメリカ国民は原爆投下の正しい認識をもつことになる。その認識とは、原爆投下は人道、国際法に反するものという認識である。そして、その認識から生まれる行動は、アメリカ政府に被爆者への謝罪と賠償を強制するであろう。アメリカ政府の被爆者に対する謝罪と賠償は、アメリカの正義回復への大きな一歩となる。

私は沖縄県と沖縄県民はアメリカ政府に対し、沖縄戦と沖縄植民地支配によって沖縄県・沖縄県民にもたらされた損害の賠償請求訴訟をアメリカの裁判所で行うべきだと考える。訴えの内容は、「一、アメリカは沖縄侵略と沖縄植民地支配を深く反省し、沖縄県・沖縄県民に謝罪すること。一、アメリカは、自らの沖縄侵略・植民地支配によって、沖縄県・沖縄県民が蒙った被害に対し賠償すること。一、アメリカは、アメリカの沖縄植民地支配の下で設置した在沖米軍基地を全て即時撤去し、自ら基地の原状回復をなすこと。」

訴えに対しアメリカは、日本は講和条約、沖縄返還協定で、「日本国及びその国民のすべての請求権を放棄して」いると主張するかもしれない。確かに講和条約第一九条、沖縄返還協定第四条は「日本国は…日本国及びその国民の請求権を放棄する」と定めている。しかし、講和条約、返還協定を締結した当時の沖縄は、日本国でもその国民でもなかった。沖縄は全国人口調査の対象にもならず、選挙権もなく、岸首相が一九五八年の国会で「…アメリカが一切の施政権をもっておりますから、憲法がここに施行されているとは言えないと思います」と答弁したように、日本国でもその国民でもなかった。沖縄は一九四五年四月のニミッツ宣言から一九七二年五月の沖縄返還まで、アメリカの完全な植民地で、沖縄人は日本国憲法もアメリカ合衆国憲法も適用されない植民地人であった。アメリカの植民地支配下にあった沖縄は、日本国でなかったし、沖縄人は日本国民でなかったから、両条約で定めた日本国及びその国民のすべての請求権放棄の主体にはなりえない。この裁判によって、沖縄はアメリカの植民地支配から脱し、主権、自治を確立していくと、私は考えている。またアメリカ国民が、この裁判を注視することによって、アメリカの沖縄植民地支配、在沖米軍基地問題を知り、考えて、アメリカ政府の対沖縄政策の転換を求める世論を形成するようになると、考える。

アメリカの沖縄植民地支配を批判する意見は、一九五〇年代からアメリカ政府内にもあった。一九五七年一〇月一五日、極東担当国務次官補ロバートソンがダレス国務長官に送った覚書で「琉球諸島は米国が植民地主義との非難をうける世界で唯一の場所である」(注32)と指摘している。またオルコット・デミング(一九五七～一九五九年沖縄総領事)の帰国後の覚書は「世界の大部分の人から見れば、沖縄における米国の地位は植民地主義も同然である。植民地主義の基本的な哲学に世界で最も強く反対する米国が自ら外国の領域と住民を支配するということは異常である」(注33)と指摘している。

朝日新聞による、沖縄返還協定調印前の一九七一年一月実施のアメリカ世論調査では、「沖縄返還と在沖米軍基地の撤退――賛成四九％、反対三九％」だった。アメリカ国民が、沖縄植民地支配と在沖米軍基地問題を正しく認識したら、アメリカ政府の沖縄政策を変えさせる世論を形成するようになる。アメリカは民主主義を掲げる国で、政府も国民の声を無視出来ない。その点、日本は、政府が世論を無視して政治を行う反民主主義の国である。

戦後の沖縄に関わる日米外交関係史を見て分かるように、日本政府はアメリカに対し屈辱外交しかしてない。講和条約によって日本は独立、主権回復をなしたと言っているが、外国から日本はアメリカの属国視され、日本人の多くも同じ見方をしている。外国の軍隊が駐留する国は、主権を持つものでない、と言われる。ドイツは米軍基地数が一七七ヵ所と一番多い国（第二位　日本一一六ヵ所、第三位　韓国八四ヵ所、第四位　イタリア五〇ヵ所――二〇一四年現在）であるが、ＥＵの中心国となり、アメリカと対等に接している。一方、日本がアメリカの属国視されるのは、吉田内閣以降の自民党内閣がアメリカに従属するだけの、民主主義の考えも、理想とする政治の哲学も、モラルも何もない政治、外交をつづけているからである。

私が正さねばならないと考えるのは、戦前から戦後も一貫して今に至るまで続く、日本政府の沖縄、朝鮮差別政策である。日本政府には基本的に、人を人として尊重する考え、民主主義の考えがない。戦後日本政府は、在日朝鮮人、在日台湾人の日本国籍、参政権を剝奪した。このことは、人道、国際法に反する。敗戦まで在日朝鮮人、台湾人は日本国籍に入る日本人で、被選挙権も含めた参政権が認められていた。戦後も日本政府は在日朝鮮人、台湾人に二重国籍を認め、参政権を認めるのが正しいことだった。また政府は、二〇一〇年高校無償化法施行以来、朝鮮学校高校生のみ授業料無償化除外するなど、世界人権宣言、国際人権規約、子どもの権利条約などの国際法、日本国憲法に違反することを続けている。国民が、政府がこのような政策をとりつづけるのを許しているのは、政府だけでなく、国民もまた人間尊重の考えにほど遠く、朝鮮差別をしているということである。日本政府、日本人は、朝鮮・朝鮮人差別は人間としてしてはならないことを認識し、差別や差別政策を即刻やめねばならない。

日本政府の沖縄差別は、アメリカの沖縄植民地支配に加担したことである。吉田内閣が、日本がアメリカに沖縄を割譲するという第三条を含む講和条約を締結したことは、沖縄差別を象徴するものである。講和条約と日米安保条約は、独立後の沖縄・日本のありかたを規定するものだった。吉田内閣は、両条約を、国民・沖縄を無視して締結したが、これは絶対にしてはならないことだった。

インド政府は、アメリカの講和会議招請を拒絶した。

不参加の理由をインド政府は、

「(一)、平和条約は日本に自由世界で名誉ある平等で満足な地位を与うべきである。(二)、極東の安定平和に利害関係をもつすべての国の参加を可能ならしめるものでなければならない」

と強調し、この条約案はこの双方を満足させていないとした。

「(一) についていうと、歴史的に日本人と因縁があり、他国から略取したものでない領土の全部復帰を日本人が乞い希っているのは当然である。琉球、小笠原諸島はこれに属する。しかるに条約はこれを合衆国の信託統治地域としようとし、それにいたるまでの間、合衆国が立法・司法・行政の三権を行使しようとする。これは日本人の不満を買い、将来極東における紛争の種をまくものである。

また、日本は主権国家として条約案第五条にいうように自国防衛のため協定を結ぶ権利をもつべきである。この権利は日本が真に主権国家となったときに日本政府が行使すべきである。(注34)」

これに対し合衆国政府は八月二五日付返簡で、合衆国の立場と条約案の趣旨を弁明している。その中で以下の文言がある。

「(前文略)…。占領の目的が達成された後も占領をつづけると、植民地主義あるいは帝国主義と何ら選ぶところのないものになってしまう。」

アメリカ政府の言うことは正しい。そう言うのであれば、一九四五年四月のニミッツ宣言から一九七二年五月の沖縄返還まで沖縄を占領し続けたアメリカは、植民地主義、帝国主義と異ならないのではないのかと、言いたい。もしアメリカが、条約第三条によって、沖縄を信託統治する意志であったと主張するなら、何故国連に提案しなかったのか。また、提案しなかったが信託統治する意思はあったと言うなら、何故一九五六年日本が国連に加盟した時（憲章第七八条「信託統治制度は加盟国となった地域には適用しない」）、「国連植民地独立付与宣言」が出された時（一九六〇年）、沖縄を独立させなかったのか問いたい。

アメリカは、沖縄を領有し植民地支配したというのが、真実である。

アメリカの沖縄植民地支配が真実であるなら、沖縄問題、在沖米軍基地問題解決への道は大きく変わる。米軍は一九四五年四月「米国海軍政府布告第一号（ニミッツ宣言）」を出して、南西諸島の占領と軍政の実施を宣言した。アメリカの沖縄占領と軍政は、戦時国際法「ハーグ陸戦法規」の「占領条項」にもとづくとされた。私が言う「アメリカの沖縄植民地支配」をアメリカは「米軍の沖縄占領支配」と言ったのである。アメリカの沖縄米軍基地は、米国がハーグ陸戦法規の「占領地の財産権尊重」条項に違反して広大な土地を軍用地として収用、建設したことが、国際法に違反すると批判された。占領支配と植民地支配は、意味内容が全く異なる。

現在、ロシアのウクライナ侵略戦争はきびしく非難されている。ウクライナは反攻してロシアに侵略占領された地を取りもどしている。正義とは万人に対して彼にぞくするものを得させること、だとすれば、ウクライナがロシアに侵略された地を取りもどすことは正義である。沖縄の米軍基地は、アメリカの侵略・植民地支配によって建設された。沖縄の地は、沖縄のものである。米軍基地をなくし、その地を沖縄のものにすることは、正義である。私達は、沖縄の正義実現のために生きなくてはならない。

アメリカは、大戦中、ルーズベルト大統領令によって、日系人十一万二三五三人を自由のない鉄柵内に収容した。(一九四二年から、指導層は一九四六年まで)。一九八八年八月、レーガン大統領が強制収容の違憲を正式に認めて謝罪し、一人二万ドルの補償金を支払うことを定めて解決をみている。アメリカ政府は、過去の誤りを認めて謝罪し、償いをしたのである。

現在、アメリカ政府は、ロシアのウクライナ侵略・併合とプーチンの核兵器使用の威嚇を、国際法に違反すると、厳しく非難している。アメリカは、世界が大戦末期の混乱の最中、沖縄を侵略・領有し、原爆を広島・長崎と二度まで投下しておきながら、謝罪もせず、償いもしていない。そのようなアメリカが、ロシアを批判することが出来るのだろうか。プーチンがロシアのウクライナ侵略を正当化し、「戦争を早く終わらせ、ロシア兵とウクライナ人の生命を救うために核兵器を使う」などと言い出したら、アメリカはどのように言って、それをやめさせられるのだろうか。「原爆投下はしようがなかった」と言い、原爆投下部隊の司令官に大勲章を授与するような自民党内閣をもった日本も、アメリカと同じである。侵略戦争や核兵器の使用は、絶対にしてはならない、させてはならないことである。侵略戦争の加害と被害（沖縄戦と原爆の惨禍）を経験した日本は、侵略戦争・核戦争と核兵器に、絶対反対しなければならない。

沖縄・在沖米軍基地問題の本源的解決を突きつけられているのが、普天間基地の辺野古移設問題である。この問題を、根本から考えてみる。辺野古新米軍基地建設は、政治、政治のしくみ（システム、体制）に関わっている。また政治は人間に関わるものであるから、政治と人間について考えてみる。政治とは社会生活における意見・利害の対立を調整するはたらきのことで、政治はどんな集団・社会（学校・職場・地域・国家・国家間など）にもある。政治をするしくみ、政治体制には独裁制、一党独裁制、代議制（間接民主制――大統領制・議院内閣制）・直接民主制などがある。主権とは、最終意思決定権のことである。主権がどこにあるかで、国家の場合は君主主権（天皇主権など）、国民（人民）主権などと言われる。名誉革命後のイギリスは議会主権であり、現在の日本も議会主権で、国会で最終意思決定する。その決定をするのは、衆議院で過半数の議席を有する内閣・与党である。戦後日本は、とくに保守合同の一九五五年以降ほとんどの期間、自民党の「一党支配」が続いている。中国は、中国共産党の一党独裁制といわれる。一党が国の最終意思決定権をもつのは、一党独裁制である。

私が吉田内閣以後の政治を述べたところで、議院内閣制独裁政治と書いているのは、政治体制もその政治の実態も独裁だと考えるからである。民主政治とは、民主主義の政治ということである。民主主義は、個人の尊重をもとにする考えである。実存主義（実存哲学）は、人間（個人）を考えこんだ思想である。実存主義は、個人（人）を時空を超えた唯一の現存在（実存）と考え、実存はまた代理不能、代置不能と考え、個人・個人の主体性を尊重する考えである。代議制は、選挙を通じて個人に代わる代表者が政治をするしくみである。実存主義では、一人一人の人間が直接政治に参加するという考えになる。個人（実存）を尊重する実存主義に結びつく政治体制は、直接民主制になる。

沖縄の在日米軍基地問題、特に差し迫って解決が求められている普天間基地の辺野古移設問題と直接民主制を考える。直接民主制を二三のカントン（州）の連合したスイス連邦にならって、日本を都・道・府・県の連邦国家と仮定して考えてみる。各都・道・府・県は主権を有し、立法権・行政権・司法権の三権をもつ。都・道・府・県の最終意思決定は住民（都・道・府・県民）投票で決めるから、沖縄県民投票で「普天間基地の辺野古移設反対が約七二％」を占めるので、移設は出来ない。国民投票にかけても、過半数の人が反対なので移設は出来ない。二〇二三年三月現在、「普天間基地の無条件返還・撤去と辺野古新米軍基地建設中止・撤回」を問う県民投票・国民投票をしたら、問いに賛成が過半数を超えて、問いは実現される。直接民主制が、国民（人民）主権の民主主義（民主政治）になることが分かる。

現在、日本は議院内閣制である。沖縄県民の最終意思（辺野古新米軍基地建設撤回・普天間基地即時無条件返還）が実現されるには、どのような条件があるだろうか。民主政治は世論（に基づく）政治と言われる。議院内閣制の内閣であっても、世論を尊重する内閣であれば、直接民主政治と同じように県民の最終意思が実現される。代議政治が民主政治に近くなるには、議員が民意を尊重する誠実な人間であることが条件になる。安倍内閣が二〇一三年沖縄県に辺野古埋め立て許可申請を出した際の県知事は、知事選挙で「普天間基地の県外移設の公約」をかかげて当選した自民党員だった。安倍自・公連立内閣は、辺野古埋め立ての是非を沖縄県民に問うことなく、また県民世論が埋め立て反対であることを認識しながら埋め立て許可申請を、普天間基地県外移設の公約で当選した自民党知事に出し、知事は許可を出した。これは自民党政権のはなはだしい世論無視、自民党のモラル、政治倫理の欠如を示すものである。

沖縄（日本）の米軍基地を全て撤去するには、日米安保条約の廃棄がある。新安保条約（一九六〇）第十条は「…この条約が十年間効力を存続した後は、いずれの締約国も、他方の締約国に対してこの条約を終了させる意思を通告することができ、その場合には、この条約はそのような通告が行われた後一年で終了する。」と規定している。日米安保条約の廃棄がなれば、沖縄の米軍基地は全て撤去される。フィリピンは、一九九二年までに全ての米軍基地を撤去させた（現在は、米軍再駐留）。

今、緊急の問題にしている「普天間基地の即時無条件返還、辺野古埋め立ての即刻中止・新米軍基地建設撤回」も安保条約の廃棄と同じく、日本政府の意志にかかっている。「安保条約の廃棄」か、「普天間基地の無条件返還撤去」を公約にする内閣の成立によって、沖縄が望むそれぞれの要求が実現される。私の考えは「正義・平和・民主主義憲法」に示したように、「非武装・非同盟」であるから、安保条約の廃棄が第一義的な目標になるが、緊急の米軍基地問題「普天間基地の無条件返還・辺野古埋め立て中止・撤回」の即時実現のためにとるべき行動を次に考える。

「沖縄米軍基地撤去」については、アメリカ政府に対して「国際法に反する沖縄侵略・植民地支配に対する謝罪と賠償、米軍基地の原状回復」を求める裁判をアメリカ本土で起こす。普天間基地の返還はアメリカに要求するものであるが、辺野古埋め立て中止は、日本政府に要求することである。安保条約の廃棄も辺野古埋め立て撤回も、日本政府の意志にかかっている。沖縄の世論に同意する国会議員を選出して、沖縄の世論に応える内閣を作ることが重要である。私は、沖縄問題は戦後一貫して日本最大の政治問題であると考えているので、国民も国会も沖縄問題を考え、選挙に際しては政党・立候補者は沖縄問題を最大の争点にして、政党・立候補者個人とも沖縄問題に対する考えを公約として選挙公報に記載すべきと考える。安倍・菅・

岸田と辺野古埋め立て、新米軍基地建設を、世論を無視して強行している自公連立内閣に属する政党員を除外し、辺野古新米軍基地建設即時中止・撤回を公約する政党・候補者を選出する。選挙の結果、辺野古埋め立て中止・撤回の内閣が成立すれば、即、埋め立て中止・撤回が実現する。普天間基地の無条件返還を公約に並記し、選挙で勝利すれば、民主主義を掲げるアメリカは、この日本の民意を無視することが出来ず、普天間基地の無条件返還に応じると、考える。

選挙と、一九五五年保守合同によって成立した自由民主党内閣の、誤った沖縄政策について考えてみる。首相の地位に就くには、国会議員であることが条件になる。国会議員になるには、国政選挙に立候補して、選挙人に選出されなくてはならない。佐藤栄作は一九五一年吉田内閣の閣僚としてサンフランシスコ講和条約を締結、一九五四年の造船疑獄事件で、収賄容疑の逮捕を吉田（犬養法相）の指揮権発動で免れた人物であった。それでも衆議院議員に当選して（一九四九年以来一九七二年まで連続当選）、一九六四年首相になり、一九七一年核密約、財政密約付、請求権放棄の沖縄返還協定を締結した。

安倍晋三は、二〇一三年首相として沖縄県に対し辺野古埋め立て許可申請し、翌年から沖縄、日本、世界の抗議を無視して、安倍、菅、岸田内閣と工事を強行している。森友・加計事件で政治家・官僚の道徳の荒廃をまざまざと見せつけられたのに、選挙になると安倍本人をはじめ事件に関わりがあった国会議員が当選を果たしている。代議制は元々その政治体制（システム）

の故に民主政治にならないのに、さらに選挙人による投票行動によって、倫理に欠けた立候補者が議員に選出され、結果、ひどい政治が行われることになる。

沖縄の声、本土の世論に聞く耳を持たぬ政府に対して、私は国民運動を起こして政府に言うことを聞かせねばならないと考える。辺野古新米軍基地建設撤回、普天間基地無条件返還の署名、請願運動を全国で起こすこと、特に国会に向けた抗議デモを展開すべきだと考える。国民世論を無視して、辺野古埋め立てをはじめとする諸々の施策、法律の制定を強行する政府、これはまぎれもない独裁政権である。政府の一つ一つの施策・立法に対して、きびしい批判をし、それでもなを政府が世論を無視するのであれば直接行動を起こし、政府を改めさせなくてはならない。これは、国民の意志に基づく政治、国民主権主義の政治、民主政治の実現を目ざす行動である。それでも政府が政治を改めないのであれば、政府を人権を守る政府に変えなければならない。イギリス革命、アメリカ独立革命、フランス革命など近代市民革命を導いた自然法思想は、ロックやルソーが言ったように、人民は人民の自由、財産、人権を守らない政府に抵抗し、革命を起こす権利があるという考えに集約される。

「アメリカの沖縄侵略・植民地支配」を貫くものとして、「辺野古の埋め立て」はあるので、このことを法の支配・国際法にそって考える。

植民地とは「そこを統治している国から地理的に離れ、かつ人種的または文化的に異なる地域（一九六〇年・国連総会決議一五四一）」で、「外国による人民の征服、支配及び搾取（一九六〇年・植民地独立付与宣言）」がなされている地域である。沖縄は、この国連の「植民地の定義」に完全に該当する。アメリカは、沖縄戦によって沖縄を征服し、一九四五年四月五日にニミッツ宣言（日本国政府のすべての行政権を停止し、軍政府を設立する）を出し、ハーグ陸戦法規の占領条項による占領支配を沖縄に布《し》くと言って、一九七二年の沖縄返還まで沖縄を領有、完全な植民地支配を行った。アメリカは、沖縄に米軍基地を建設するために土地を強制収用したり、米軍基地を維持運用することで計り知れない軍事的・経済的利益を得ている（沖縄の米軍基地の三分の一は個人が所有する私有地で、その地料をアメリカは講和条約後に払い始めた。現在は日本政府が、総額約八〇〇億円の地料を払っている。軍用地主には二〇億円の支払いを受けている人もいる）。アメリカのニミッツ宣言から沖縄返還までの沖縄支配は、紛れもない植民地支配である。

一九五二年の本土主権の回復までアメリカは、連合国の枢軸国に対する占領政策の基本原則が民主化と非軍事化であったのに、この基本原則に背反し、アメリカ憲法を適用することなく、沖縄の自由、人権を弾圧する植民地支配を行った。一九五二年から一九七二年までは、講和条約第三条によってアメリカは沖縄を統治したのであるが、信託統治国になるには審査があり、制度の基本的目的「自治又は独立に向かっての住民の漸進的発達を促進する」に適合するには、沖縄が「政治的、経済的、社会的に未熟であって統治能力がない」ことを証明する必要があったが、その証明が出来る可能性は全くなかった。それ故、アメリカは沖縄を国連の信託統治制度の下におくことをせず、植民地統治を行なった。この第三条の全文を一読すれば、この条文は日本が沖縄をアメリカに割譲し、アメリカの沖縄植民地支配を認めるものだと、すぐ理解出来る。アメリカが講和会議にインド政府を招請したとき、インド政府（ネール首相）が招請・調印を拒否したのは、イギリスの植民地支配を経験したインドは、アメリカが沖縄を植民地支配することを許せなかったからである。アメリカの沖縄植民地支配を許したのは、吉田内閣とそれに続く自民党内閣、および本土日本人の恐ろしい沖縄差別の故である。

アメリカの沖縄侵略支配の前に、沖縄戦という沖縄侵略戦争がある。太平洋戦争（日米戦）は帝国主義戦争で、アメリカは日本を自らの勢力圏に取り込む計画であったが、日本を領有する意図は持ってなかった。一方、沖縄戦はアメリカが沖縄の領有、植民地化を明確に企図した侵略戦争であった。沖縄戦は一九四五年三月二三日早朝の米軍の大空襲で始まり、最大の激戦地中部戦線・嘉数高地では四月八日から二四日まで戦闘が続くが、それより前の四月五日ニミッツ宣言が出されている（開戦から一四日目である）。これは、アメリカ政府が沖縄の占領・統治を世界に知らせるためであったろう。六月二三日牛島司令官らが自決し、沖縄戦の組織的戦闘が終わり、米軍が沖縄戦終了宣言を出したのは七月二日のことであった。六月三〇日「沖縄本島を占領したアメリカ軍はただちに基地建設に着手した——普天間の丘を切り崩しB29専用滑走路を造る。(注35)」九月二日、日本政府が降伏文書に調印、沖縄では残存日本軍首脳が九月七日に公式に降伏文書に署名している。これら一連のアメリカの行動は、戦後、沖縄を領有・植民地にするために、沖縄は日本に属さない領域であることを広く世界に知らせ、認識させるため、また沖縄植民地支配を既成事実化するためのものであったと考えられる。一九四六年一月、マッカーサー占領軍総司令官は日本政府に覚書（連合国は、本土は間接統治した。日本政府への命令は覚書、指令、訓令によってなされた）を手交し、奄美・沖縄・宮古・八重山群島を日本から分離した。

〈三月三一日従軍記者アーニ・パイルは沖縄本島の西方海上の艦船から母国の新聞に上陸前の緊迫した模様を次のように報じている。「…しかし恐怖に怯えているからといって、われわれに自信がないというのではない。われわれは、沖縄を取るのだ。誰もそのことを疑いはしない。…」(注36)〉

これは、アメリカ、アメリカ政府の沖縄領有意志を代弁したものと言えるであろう。アメリカは日本が降伏（八月一四日）するより前に、出来るだけ早く、沖縄を征服、領有するために、沖縄守備軍が正規軍八万六四〇〇人、現地召集の防衛隊・護郷隊・鉄血勤皇隊・女子学徒隊を合わせ約十一万余人であったのに対し、米軍は空母四〇隻・戦艦三〇隻を含む艦船一五〇〇隻以上、艦載機一六〇〇〇機、上陸部隊十八万二八〇〇〇人、海上部隊を含む兵員合計は五十四万八〇〇〇〇人で空・陸・海から、子ども、女性、老人などの住民（非戦闘員）を巻き込む阿鼻叫喚、地獄の戦争を行なったのである。何から考えても、沖縄戦はアメリカの沖縄侵略戦という外ない。このようなアメリカの沖縄侵略戦争が、人道上、国際法上許されるはずがない。

講和条約発効後、国際法上アメリカが沖縄植民地支配を放棄しなければならない事態が少なくとも二度あった。その最初は、日本の国連加盟である（一九五六年）。国連憲章第七八条は「国連の加盟国となった地域には信託統治は適用されない」と規定している。二度目は「植民地独立付与宣言（一九六〇年）」である。賛成（日本も含む）八九カ国、反対無し、棄権九カ国で採択されたこの宣言は、「いかなる形式及び表現を問わず、植民地主義を急速かつ無条件に終結せしめる必要があることを厳粛に表明」し、「外国による人民の征服、支配及び搾取は、基本的人権を否認し、国連憲章に違反」すること、「信統統治地域及び非自治地域、または独立を達成していない他のすべての地域の住民が完全な独立と自由を享受しうるようにするため、なんらの条件または留保もつけず、その自由に表明する意志及び希望に従い、人種、信仰または皮膚の色による差別なく、すべての権力をかれらに委譲するため、早急な措置が講ぜられなければならない」（注37）ことを宣言した。日本の国連加盟、国連植民地独立付与宣言の採択があっても、アメリカは国連憲章、植民地独立付与宣言を無視し、沖縄植民地支配を続けた。沖縄は講和条約締結前から、ずっとアメリカの植民地支配拒否を訴えつづけてきたが、日本政府は沖縄の独立、解放をアメリカに要求することはなかった。

しかし、沖縄は、一九六〇年四月沖縄県祖国復帰協議会を結成し、人権保障・自治権確立の運動を進め、一九六二年二月に琉球立法院がアメリカの沖縄植民地支配の不当性を批判する決議を出して、国連加盟国に送付する運動を起こした。沖縄のこのような運動に対してアメリカは、「同盟国の領土を我々が統治することには矛盾がある。必要な基地を制約なしに使用できることを前提に沖縄の施政権を返還すれば、アメリカに対するネオ・コロニアニズム（新・植民地主義――武田）批判を清算できる（一九六六年ザヘーレン在日米大使館参事官報告書）(注38)」と、対沖縄政策転換を検討しはじめた。

一九六八年アメリカ政府は、琉球政府主席公選選挙や立法院議員選挙・那覇市長選挙で革新勢力が圧勝する現実に直面して、日本政府（佐藤内閣）と秘密裏に沖縄返還交渉を開始し、米軍基地の温存・自由使用（密約で核兵器の持ち込み、など）を内容とする返還協定を策定・締結した。アメリカは、沖縄戦で戦略爆撃をはじめとする総攻撃で一般住民（非戦闘員）、日本軍が一般住民を動員して老人兵、婦人兵、少年少女兵としているのを知りながら無差別に殺害する戦争犯罪を犯して沖縄を侵略し、領有・植民地支配を二七年間も続けるという人道・国際法に反することをしながら、植民地独立付与宣言にそう沖縄独立を許さず、日本政府に「施政権を返還」するという方策をとったのである。これは、明らかに国際法（植民地独立付与宣言・一九七〇年の友好関係宣言）に反する不正、不法な、人道に反する行動であった。アメリカ政府は、二七年間の沖縄侵略・植民地支配を認め、沖縄の独立を実現しなければならない。一九七二年の返還の前に、沖縄は基地のない、平和な沖縄を要求していた。アメリカは、沖縄（県・県民）に謝罪し、米軍基地を撤去して撤兵し、植民地支配による沖縄の被害に対して賠償・補償をしなければならない。

沖縄は一九四五年から一九七二年までの二七年間、合衆国憲法も日本国憲法も適用されない、人権保障のない完全なアメリカの植民地であった。さらに、沖縄は一九七二年から今日まで日米安保条約と地位協定の下、返還前と変わることなく米軍基地が存続し、アメリカ軍が駐留している。沖縄は、今もアメリカの植民地であると言うべきである。在日米軍基地面積の七割が集中し、米軍基地面積が本島の一五％を占める沖縄は、二〇二三年の今も「外国による人民の征服、支配及び搾取がなされている地域」にあてはまる。米軍基地の偏在が、沖縄県民の生存権、自由権、平等権、環境権など、基本的人権の破壊につながっている。

今、沖縄には、人体に有害な有機フッソ化合物ＰＦＡＳの被害が集中している。水道水汚染は、約四五万人に影響し、住民は浄水器の取り付けやペットボトルの使用などの自衛を余儀なくされている。二〇一六年県企業局は「発生源は嘉手納基地の可能性が高い」と指摘し、米軍に立ち入り調査を申請したが拒否され、拒否は現在も続いている。ドイツ、イタリアなど欧州各国が米国と結んでいる地位協定では、受け入れ国側の立ち入り権が確保されている。ＰＦＡＳは発がん性が疑われており、米軍基地では泡消火剤に用いられていた(注39)。

有害化合物の調査のための米軍基地内立ち入りも出来ない沖縄は、アメリカの植民地と言う外ない。嘉手納町にある米軍嘉手納基地は東洋一の基地といわれ、アメリカ軍人・軍属・家族を合わせた人数は四万七三〇〇人、一方嘉手納町の人口は約一万四〇〇〇人である。（二〇一一年）一九七二年以降も沖縄を植民地支配するアメリカは、国際法、植民地独立付与宣言に従って沖縄を独立させ、普天間基地をはじめとする沖縄の米軍基地を撤去し、辺野古新米軍基地建設を日本政府に即時中止・撤回させ、米軍を撤退させなくてはならない。一九七二年本土復帰の時点で、沖縄は自衛隊の駐留を拒否していたから、自衛隊も本土に撤退しなければならない。アメリカは一九七二年以降も沖縄を植民地支配し、二〇一六年アメリカ人軍属による女性暴行殺害事件に象徴されるように、県民の生命、尊厳を蹂躙《じゅうりん》、破壊している。アメリカは沖縄植民地支配と加害の事実を認め、沖縄に対し謝罪とつぐないをしなくてはならない。エピクロスは「正義がもたらす最大の果実は、心の平静である」と言っているが、アメリカ（政府・国民）は、沖縄植民地支配を認めて、そのつぐないをしないかぎり、心の安らぎが得られることはない、と私は考える。

第二次世界大戦でアメリカは、日本に対し絶対にしてはならないことをした。それは、沖縄侵略・植民地支配と広島・長崎への原爆投下である。この二つは人道上、国際法上、許されない。侵略・植民地支配は世界最初の国際法であるウェストファリア条約に定める、主権尊重の原則に反する。ルーズベルト大統領のアメリカ政府が、戦後の世界戦略を見すえて、沖縄を対ソ・対中の軍事基地とするために沖縄を侵略したことは疑う余地がない。沖縄返還直前のアメリカ世論調査（一九七一）で、「沖縄返還と在沖米軍の撤退」に賛成が四九％で、反対の三九％を圧倒しているのは、政府高官らのアメリカの沖縄植民地支配批判をアメリカ国民が知って、沖縄植民地統治をやめるべきと判断したのだろうと、私は考えていた。

しかし、従軍記者アーニ・パイルが一九四五年三月三一日、沖縄戦を前に、母国の新聞に「…われわれは、沖縄を取るのだ。誰もそのことを疑いはしない。…」と報じていることと、沖縄戦勝利後の式典で通信兵が「沖縄は敵地ではなく、アメリカの領土となった」（注40）と母国民に報告しているのを知って、沖縄戦を戦ったアメリカ兵士、またアメリカ国民は沖縄戦を沖縄を領有・植民地化する戦争と認識していたのだと、考え直した。アメリカ国民の多くが、沖縄はアメリカの植民地、と認識していたから、その植民地支配を清算すべく「沖縄返還と在沖米軍の撤退」に賛成が四九％にのぼったのだと思う。沖縄は一九四五年四月から一九七二年五月まで、アメリカの完全な植民地であった。国連が植民地独立付与宣言（一九六〇）採択後の一九六三年二月二八日、ケネディ大統領は「沖縄を放棄する意思は全くない」(注41)との立場を明確にしているように、アメリカでは政府も国民も「沖縄はアメリカの領土、植民地」という認識であった。一方、日本は、政府（吉田内閣）は講和条約第三条を沖縄のアメリカへの割譲（植民地化）と認識していたのに対し、国民の大多数は「アメリカの沖縄植民地統治」を認識出来ないまま、今日に至った。

第二次世界大戦当時、侵略・植民地獲得戦争は、今日と異なって、許容されていた。そもそも第二次世界大戦は、連合国のスターリン独裁のソ連と枢軸国のヒトラー独裁のドイツがポーランドの分割統治を目ざした侵略戦争に始まっている。日本も日清、日露、第一次世界大戦と侵略戦争を続け、満州事変から中国、東南アジア、太平洋州と侵略戦争に狂奔《きょうほん》していった。日米開戦直後に、昭和天皇が「平和克復後は南洋を見たし、日本の領土となる処なれば支障なからむなど仰せありたり」(注42)と言っているように、侵略戦争をしてはならないという考えは日本にはなかった。当時、アメリカも日本も植民地獲得のための侵略戦争をしてはならないという考えはなかったと言えようが、侵略戦争・植民地支配は絶対にしてはならないこと、正義に悖《もと》ることである。ルーズベルト大統領は、沖縄侵略・植民地支配を日米開戦前から決めていて、その意図を隠すために大西洋憲章（一九四一）・カイロ宣言（一九四三）で領土不拡大原則を掲げ、沖縄侵略・植民地支配をなしたと考えられる。アメリカの沖縄侵略戦争における空爆・艦砲射撃、一般住民・日本軍により戦闘員にされた女性・老人・子どもの殺戮《さつりく》（民間人の無差別殺戮）、植民地支配による住民の人権・尊厳の蹂躙《じゅうりん》は、戦時国際法、平時国際法（国連憲章など）に違反する。アメリカは人道に反する、絶対にしてはならないことをしてきた、その責任をとらねばならない。

アメリカの広島、長崎への原爆投下も、戦時国際法に違反する戦争犯罪である。ハーグ空戦法規（一九二三年採択）は武力紛争時の攻撃手段を規制する法原則で、「慣習国際法」として認められている。「空中爆撃（空爆）は軍事目標に対して行われるときのみ適法とされ、住民を威嚇し、非戦闘員を損傷することを目的とする空爆は違法とする（第二二条）」「陸上部隊の作戦行動の直近地域でない都市、町村、住宅又は建物の爆撃は禁止する（第二四条）」と定められている。ドイツが一九三七年、スペインのゲルニカに対して行った戦略爆撃（無差別爆撃）がこの法規に反する最初の爆撃であり、アメリカが日本で行った東京大空襲をはじめとする空襲（死傷者十万人以上――東京二三区・広島・長崎、一万人～一〇万人――横浜・名古屋・大阪・神戸、一〇〇〇人～一万人――四五市町村、五〇〇人～一〇〇〇人――二〇±一市町、一人～五〇〇人――八五±二市町村）（注43）は戦略爆撃であって。明らかに違法である。アメリカによる広島・長崎への原爆投下は、ハーグ空戦法規（第二二条、二四条）に照らして、戦争犯罪であると誰でも考えるであろう。

私は、人は広島・長崎への原爆投下の結果、実際の被害の惨状を知れば、アメリカが人道に対する罪を犯したと判断するだろうと、考えている。広島に投下された原爆は、炸裂の瞬間、摂氏《せっし》百万度の火の玉となり、熱線と爆風で人々を殺傷し街を破壊した。爆心地から半径五〇〇メートル以内にいた人々の約九〇％が即死。長崎では半径二〇〇メートル以内にいた人々は全員即死した。投下から数年以内に広島で二〇万人以上、長崎で一四万の人々の生命が奪われた。犠牲者は強制連行されてきた中国人、朝鮮人にもおよび、広島では約三万人の在日朝鮮人が死亡、長崎では一万人が死亡したと推定されている。生存した被爆者とその子孫は、放射能被爆の後遺症に苦しんでいる。これだけのことを知れば、アメリカの広島・長崎への原爆投下は、人道に対する罪、戦争犯罪だと考えるだろう。このアメリカの原爆投下は、原爆の威力検証のための実験であったこと、戦後におけるアメリカの優位をねらった対ソ戦略のひとつであったことも現在、日本では常識となりつつある。

アメリカ人で広島・長崎への原爆投下が人道に反すること、戦争犯罪に当たると考える人は、政府や一般の人々のうちに多くいると思う。一九九四年アメリカ国立スミソニアン博物館で計画された「原爆展」開催に反対した退役軍人会、「原爆投下は戦争を早期に終わらせた」と全員一致の決議文を出した上院も、原爆投下を戦争犯罪と認識していたに間違いない。彼らは、原爆展によって米国民に原爆投下が戦争犯罪と知られることを恐れて原爆展の開催を撤回させようとしたのである。広島・長崎への原爆投下の真実を、国民に知られることのないようにすること、それは戦後アメリカ政府の一貫した固い意志であった。

日本人の多くは広島・長崎への原爆投下を、むごい、人道に反する行為と思っている。日本政府も、一九六三年の東京地裁「原爆投下は国際法違反判決」が出たとき控訴せず、この判決が確定している。アメリカ政府も、原爆投下が国際法に違反していると認識しているが、もしそれを認めれば、ニュルンベルク国際軍事裁判、極東国際軍事裁判でそれぞれドイツの戦争犯罪、日本の戦争犯罪を裁いたアメリカ自身が、国際法違反の戦争犯罪を問われ、世界の批判を受けねばならないので認めないのである。アメリカが「原爆投下は国際法違反」を認めれば、被爆者に対し謝罪と賠償がなされる。今年（二〇二三年）五月、広島サミット開催中、若者が平和会議を開き、参加したアメリカ人がＮＨＫのインタビューに答えて、「私達は、原爆投下は早期の戦争終結のために行われたと、教えられてきた。」と語っていた。私は、アメリカ政府が教科書、学校教育を通じて原爆投下を正当化し続けていることに怒りを覚える。国際法で毒ガス、細菌・化学兵器、対人地雷などが禁じられているのは人道上の考えからである。核兵器禁止条約も二〇二一年一月に発効している。核兵器は人道にそむく兵器であり、絶対に使用してはならない。アメリカ政府が広島・長崎への原爆投下を「人道に対する罪」・「戦争犯罪」

ではない、と押し通すことは間違っているし、また押し通すことは不可能である。アメリカ政府、国民は正しい道に進まねばならない。一九六八年、国連は、「戦争犯罪、人道に対する罪、ジェノサイド罪の時効不適用条約」を採択している。

9

アメリカの沖縄植民地支配、広島・長崎への原爆投下が、それぞれ国際法である植民地独立付与宣言、ハーグ空戦法規に反する、してはならないことであることは明らかである。この二つの国際法は、人道主義の考えから制定されたものである。「道」とは、「正しい」という意味をもつ（白川静「字通」より）。「人道」とは、人のふみ行うべき道、人の人たる道を意味する。「人道的」とは、人としての道義にかなったさま、人間愛をもって人に接するさまを表わす（「広辞苑」・「字通」より）。「してはならない辺野古新米軍基地建設」のことを考え始めてから、「してはならない沖縄植民地支配・原爆投下」のことを考えつづけ、考えは根本の「人道・人道主義」に至った。ニュルンベルク国際軍事裁判所憲章で人道に対する罪がとりあげられたが、「…すべての民間人に対して行われた殺人、絶滅、…」とあることに疑問を抱いた。人道に対する罪がこの規定なら、ハーグ陸戦法規、空戦法規違反で裁判すべきだと思った。人道に対する罪というなら民間人のみならず戦闘員の殺害も規定すべきと考えたからである。そこからさらに人道、人のふみ行うべき道を考えた。

人は、何かをするかしないか選択して生きている。私は、フランス人権宣言第四条「自由は、他人を害しないすべてをなし得ることに存する」を、自分の考えの基本の一つにおいている。このフランス人権宣言は、「人は他人を害しない何事も自由に行う権利がある」と言い換えれる。人（実存）は、時空を超えて唯一絶対の存在である。人は人類が誕生してから代々生命を受け継いで現存在する。人を殺す、死に至らしめるということは、その人の可能性を絶無にするということである。死は、生きること、子孫をのこすこと、あらゆる可能性をなくする。アメリカが原爆で何十万という人を殺し、傷つけたことについて、言う言葉が無い。人道から考えて、戦争で戦闘員であっても殺すことは許されない。戦争は人を殺し傷つけるものであるから、一切戦争をしてはならない。

沖縄県民の多くは沖縄戦でアメリカ軍、日本軍に虐殺され、生き延びた人々はつづくアメリカの植民地支配で基本的人権を否認され（沖縄には合衆国憲法も日本国憲法も適用されることはなかった）、人としての尊厳もふみにじられてきた。沖縄は一九七二年以降も、日米安保条約、地位協定、さまざまな米日秘密協定によって、米軍基地が存続し、アメリカ軍が駐留して、基本的に植民地時代と変わらない状況にある。一九四五年から今日まで、アメリカと日本政府は沖縄に対して、人道に反くことをしつづけてきた。アメリカと日本政府は人道に立ちかえって、沖縄の米軍・自衛隊基地を撤去し、撤兵しなくてはならない。

イギリスの歴史家アクトンは「権力は腐敗する。絶対権力は絶対的に腐敗する。」と言っている。英文は、「Power tends（向かう） to corrupt（腐敗する） and absolute（絶対的の、専制的の） power corrupts absolutely.」である。「power」は英和辞典を引くと「力・知力・体力・権力・政権・軍事力・権限・強国・大国・権力者」とある。

「power」を「権力（他人を支配し、服従させる力）」と言うと、「力は権利（ある物事を自由に自分の意志で行い得る資格）を生み出さない（ルソー、社会契約論）」という考えから、「権力」はすでに不正義なものであると、私は二〇代の頃から考えていた。ルソーの言う、「力は権利を生み出さない」を正しいと考えると、「権力」は不正なものになる。アクトンの言う権力の腐敗は、権力それ自体が不正なものであるから、容易に起こりうる。

「力は権利を生まない」という考えと、「自由とは他人を害しないすべてをなし得ることに存する（＝他人を害することをしてはならない）」という考えを合わせると「人道」の考えに至る。「人は他人を害することをしてはならない。」、「力をもつ者は、力はいかなる権利も生まないことを認識して、他人を害することをしてはならない。」――これが、私が考える「人道」である。

戦時国際法は、戦時、戦争においても、人として守るべきことを定めた法で、人道主義の考えから生まれた法である。人道とは、人（他者）を害することをしてはならない、ということ。人（人間・個人・実存）は、身体（肉体）と精神（心）を合わせもって存在する。そこで、人道（人を害することをしてはならない）は、人（身体と精神）を傷つけたり破壊してはならないということになる。人道主義（言葉の意味内容には程度がある）を徹底すれば、人を殺すということは人道に反する。今言うこの人道主義では、戦争においても、いかなる人も殺すことは許されない。現在の戦時国際法は、一般市民（非戦闘員）への攻撃（無差別殺害など）を禁じている一方、戦闘員（兵士）、軍事施設への攻撃は認めている。

アメリカは、沖縄戦で、一般住民（非戦闘員）を地上戦、戦略爆撃、艦砲射撃で虐殺しているから、戦時国際法に違反する。アメリカの広島・長崎への原爆投下は、戦略爆撃による市民の大量虐殺で、戦時国際法に違反する。アメリカの沖縄植民地支配は、沖縄県民の人権・尊厳を傷つけ、破壊するものであるから人道に反し、国際法に違反する。

国際法は、人道主義を根本にして成立している。国連植民地独立付与宣言は、植民地支配は植民地人に対する人権の抑圧・破壊、経済的搾取をなし、人道に反するという、人道主義の考えから制定された。生物・毒素兵器使用禁止条約、化学兵器禁止条約、対人地雷全面禁止条約は、それぞれ生物・毒素兵器、化学兵器、対人地雷が人道にそむくものと考えて禁止。核兵器禁止条約も、核兵器そのものが人道に反し、使用はもとより製造、保有などを禁止している。これらの国際法の他に、死刑廃止条約がある。人の生命を奪うことは人道に反することで、犯罪人であっても死刑に処してはならないというのが、現在、世界の人道主義の理解、認識である（日本人はこの認識にはほど遠く、死刑を認めている）。私の人道主義の考えは、人（身体・精神）を害してはならないというものであるから、戦争で戦闘員（兵士）を殺すことも、犯罪者を死刑にすることもしてはいけないという考えである。

プーチン大統領のロシア軍によるウクライナ人殺戮《さつりく》、親による子供の虐待死、あらゆる殺人、これらのことが「絶対にしてはならない人道にそむくこと」と、この世に生きる誰もが知らねばならない。ロシア軍によって殺害されたウクライナ人、親によって虐待死させられた子供、全て一人一人がかけがえのない人（実存）であった。殺された人には生きる権利、幸福に生きる権利があった。その権利を無にした者は、正義を破壊したのである。二〇一八年三月、親から虐待を受けた船戸結愛ちゃん（五歳）が「もうおねがいゆるして」と紙に書いて亡くなられた。力をもつ者が、してはならないことをすることに対し、「やめてほしい！」と必死に願っている人が世界に満ちている。力をもつ者が弱い者に対して行う「いじめ」、親、家族による子供に対する虐待、男による女性、子供への暴力、性加害、殺人、侵略戦争などは人として絶対にしてはならないことである。全ての人が他人を害することをしてはならないということを、生きる上の第一の考えとして持たねばならない。そして、人は、この他人を害することを許してはならない。他人を害することは、法、倫理、人道にそむくことであるから。

ニュルンベルク裁判で、ナチス・ドイツの所業が「人道に対する罪」として問われた。ナチス・ドイツによるユダヤ人虐殺、精神薄弱者の去勢とか精神障がい者の抹殺などは何故行われたのかといえば、ドイツ国民にこれらの人々に対する差別の観念、考えがあったからである。何年か前、イギリスBBC制作の、アウシュヴィッツ強制収容所に収容された女性が時を経て同収容所を訪ねる番組を見た。彼女は屋外の庭に行くと、「ここにあった（何箇所《かしょ》かの）大きな円い穴に、収容されたユダヤ人たちは朝食後わずかな時間のうちに用を足さねばならなかった」と語った。ユダヤ人が用を足す姿を隠《かく》すものは何もなかった。

東京裁判で、日本は「平和に対する罪」を問われA級戦犯全員有罪の判決（一次裁判判決）が出されたが、連合国側の戦争責任・行為は問われなかった。アメリカの沖縄侵略・植民地支配と広島・長崎への原爆投下は「人道に対する罪」と考える私が、この二つのことに関りがあると思うことがいくつもある。ルーズベルトは日系人十一万人余を強制収容所に収容している（一九四二年〜一九四六年）が、ドイツ系、イタリア系の人々は、ごく一部の指導者が短期間収容されただけである。ベトナム戦争中、アメリカ軍の部隊が非戦闘員を虐殺した「ソンミ村事件」の判決が出た際の市民の本音から出た反応として、「そうよ。アジア人を殺してなぜ悪いの！」と言った白人のことを記した本がある(注44)。

沖縄を訪ねた時、古堅実吉さんから直接また回想録『命《ぬち》かじり』で教わった——古堅さんは一九四四年、沖縄師範学校予科一年に入学（一五歳）し、一九四五年三月三一日夕、軍命によって鉄血勤皇師範隊員になりアメリカ軍と沖縄戦を戦い、師範隊員三八六名中二二四人が死亡する中、捕虜になった。七月三日セメントを積んできた輸送船の甲板に上がると丸裸にされ、丸裸のまま船底の船倉に入れられた。目的地に着くまでは、パンツ一枚も食器その他、いっさい何物も与えられなかった（食事は朝夕二回、白飯とおかずが大バケツで下《おろ》され、食器もなく両手についで食べた）。七月二十日、ハワイの真珠湾に着いて上陸するとき沖縄で脱がされた捕虜の服を、だれのものともなく投げ渡された。ハワイで一年半近い捕虜収容所生活を送り、一九四六年一一月に故郷に帰還できた(注45)」

人道に対する罪にあたる沖縄侵略・植民地支配、原爆投下の根本のところに、このような沖縄、日本人差別の考えが多くのアメリカ人のうちにあるのだと思う。私は今年、アメリカ海兵隊が沖縄戦を記録した映像を見て、「ジャップ（Jap）！」という言葉を生まれて初めて肉声で聞いた。何度も発せられるアメリカ兵の「ジャップ！」には、蔑《さげす》みと憎しみの思いが満ちていて、私は耳をふさぎたかった。

アメリカは、不戦条約、大西洋憲章、国際連合憲章の制定に主導的役割を果たした国である。この同じ国が、「沖縄侵略・植民地支配と広島・長崎への原爆投下」という国際法に反する戦争犯罪を犯しながら、それを認めることをせず、何の責任もとることはなかった。かつての日本も戦争の被害ばかりを言い、侵略戦争や植民地支配の加害責任を戦後長いこと認識することはなかった。アメリカは、太平洋戦争における真珠湾奇襲攻撃などの被害を言うだけでなく、沖縄植民地支配や原爆投下の加害を認識して、その責任をとらねばならない。責任をとること、遅きに失していると言わねばならない。沖縄県民や原爆被爆者の尊厳をふみにじってきたことに対し、心から謝罪しなければならない。アメリカは、人道に立ちかえって、正義を実現しなければならない。

アメリカの沖縄植民地支配に加担した日本政府——吉田内閣につづく自民党歴代内閣の責任も問わねばならない。講和条約で沖縄を割譲し、日米安保条約を締結した吉田内閣。その政策を継いだ鳩山、岸、池田、佐藤内閣。佐藤内閣にいたっては、安保条約の自動延長を表明し、請求権を放棄し、核密約、財政密約つきの沖縄返還協定を締結している。一九九五年、米兵三人による女子小学生暴行事件を機に、米軍基地撤去の大県民運動が起こると、橋本内閣は米軍基地の県内移設を内容とする日米合意を結び、小泉内閣は普天間基地の移設先を独断で辺野古に決定、安倍内閣は辺野古新米軍基地建設に着手し、沖縄県民・国民の反対を無視して工事を強行し、菅・岸田内閣が安倍政治を踏襲している。これら歴代自民党内閣は、沖縄県民を差別して人権を無視する、正義にほど遠い政治をしてきた。その責任を問わねばならない。また、その自民党内閣を支持してきた国民にも同じ責任がある。

広島・長崎への原爆投下に関しても、戦後、講和条約発効後も、日本政府はアメリカ政府に対し、抗議も賠償請求もしていない。佐藤内閣は原爆投下の司令官に大勲章を与え、安倍内閣の防衛大臣は「原爆投下はしょうがなかった」と表明している。「核兵器の開発、実験、製造、取得、使用、使用の威嚇の禁止、核兵器による被害者への援助など」を定めた「核兵器禁止条約」が二〇一七年国連会議で採択された際、安倍内閣は会議をボイコットし、条約に加盟しなかった。二〇二一年、「核兵器の非人道性を告発し、違法化する」この条約が発効した今、「広島、広島」と言う岸田首相に条約加盟の意思はない。原爆被爆国である日本の政府が、「核兵器禁止条約」批准に背を向けるのは、被爆者、戦争や核兵器の無い世界をめざす人々に対する裏切りであり、人道に反する。

私は、アメリカの沖縄植民地支配と原爆投下の加害責任、その加害に加担し、許した日本政府、国民の責任を問うてきた。この加害責任を問いながら、日本のアジア・太平洋州の人々に対する加害責任も考えざるをえなかった。アジア・太平洋戦争で日本の侵略・植民地支配によるアジア・太平洋州の犠牲者数は、推定で二〇〇〇万人をこえる。日本が敗戦まで領有していた植民地は、全て侵略戦争で獲得したものであった。台湾は日清戦争の講和条約締結後、日本が台湾征服戦争をおこし（台湾軍民約一万四千人が犠牲）、植民地支配をすすめた。朝鮮は日清、日露戦争、日本軍の侵略で植民地にした。南洋諸島は、第一次世界大戦で日本がドイツに宣戦し、同諸島を占領、国際連盟の委任統治領として植民地支配した。満州は、日本が満州事変をおこし占領、植民地にした。その他、日本のアジア・太平洋州の植民地は、全て侵略戦争を通じて植民地にしている。アメリカが沖縄戦によって沖縄を植民地にしたように。植民地支配は、アメリカの沖縄植民地支配で見たように、統治国は植民地人の人権・尊厳を奪い、土地を奪い、経済的収奪をするという人道に外れた統治である。

日本の植民地支配は、皇民化政策（日本語の強制、天皇・日本・日本人崇拝など）で母国語を奪い、文化を奪って民族たらしめるものを無にしようとし、姓名の日本式氏名への改姓名は現存在（実存）を抹殺するという非人道のむごいものであった。台湾・朝鮮・満州を侵略・植民地支配するという考えは、吉田松陰に始まり長州藩士、藩閥専制政府に、これらの人々に対する差別観と共に、広まったものである。日本が、アジア・太平洋州の植民地支配で、反日活動を理由とする市民の虐殺、徴兵、徴用、強制連行、従軍慰安婦制度など人道にそむくことをしたこと（加害）の認識は乏しい。私たち日本人は、植民地支配は人道にそむく加害に他ならないことの認識に乏しく、植民地人の生命、人権、尊厳を奪い破壊した具体的な事実を十分知りえていない。そのことによって、戦後、加害の反省、謝罪、補償も十分出来ていない。日本が侵略・植民地支配した国々、人々は、日本の侵略・植民地支配（加害）を宥恕《ゆうじょ》してくれている。しかし、侵略・植民地支配した当の国民がその事実を知ろうとしなかったり、忘れることは許されない（侵略・植民地支配をしていないという人さえいる）。日本は国として侵略・植民地支配したことを認め、謝罪と補償を尽くすべきである。日本は侵略・植民地支配した国々、人々に対し、人権の保障・平和の実現・民主主義の確立など人権、平和的貢献をしなくてはならない。

日本は戦前、非道な植民地支配をし、さらに戦後も在日台湾人、朝鮮人の参政権を剥奪するという法、人道に外れた差別をつづけている。戦前、日本国内に住んだ台湾人・朝鮮人は「帝国臣民」として選挙権・被選挙権が認められていた。しかし、敗戦後の一九四五年一二月の「衆議院議員選挙法」で、台湾・朝鮮の在日の住民については選挙権及被選挙権は当分の内、停止するという条項が設けられた。（沖縄県も選挙の停止が定められた。）この条項は、一九五〇年の「公職選挙法」に引き継がれ、現在に至っている。人は、誰もが基本的人権として参政権をもつ。日本政府が戦前、在日台湾人・朝鮮人に参政権を認めながら、戦後それを奪って今日まで放置しているのは間違っている。政府は人道に立ちかえり、在日台湾人・朝鮮人の参政権を認めねばならない。それが、正義の実現である。

10

「辺野古を埋め立ててはならない。最後、機動隊に襲撃されても、三里塚の農民のように、海岸を我が身で被って守る!」──二〇一三年三月、初めて沖縄へ旅立つ前に、私は考えていた。私は学生時代から、外国の軍隊が駐留する国は主権をもつものでないと考え、安保条約を廃棄してアメリカ軍を撤退させねばならないという考えだった。日本に米軍基地をつくること、ましてや沖縄に新たな米軍基地をつくることは、絶対に許してはならないことだった。四国に帰ると、私は新聞への投書、集会でのプリント配布を始め、沖縄の米軍基地問題、普天間基地の辺野古移設反対を訴えてきた。

沖縄の級友に「沖縄のことを考えて」と言われてから、半世紀以上経った二〇二二年一月、やっと私は、「戦後、沖縄はアメリカの植民地だった」と考え至った。「アメリカの沖縄植民地支配」を確認するために調べ始めて、サンフランシスコ講和条約に当たると、一読して同条約第三条は「日本がアメリカに沖縄を割譲する」ものだと理解した。そして吉田内閣は勿論《もちろん》、政治に関心をもっていた人々はみな、このこと(沖縄をアメリカに割譲すること)を認識していたと、私は考えた。日本外交史を読んで、インド政府が講和会議に参加しなかったのは、講和条約第三条と日米安全保障条約を容認出来なかったからだということを初めて知った。

民衆が言い伝えてきた言葉は、心を打つ。「歴史を振り返らないものは、未来をつかめない。」というフィリピンのことわざがある。アメリカ国民は、「沖縄侵略戦争と沖縄植民地支配の歴史」を正視しなくてはならない。日本政府と本土日本人（私も）は、沖縄差別をもって、アメリカの対沖縄政策に加担したことを、自己批判しなくてはならない。

沖縄には、「他人《ちゅ》に殺《くる》さってん寝《ね》んだりしが、他人《ちゅ》殺《くる》ちえ寝《ね》んだらん（他人にいためつけられても寝ることはできるが、他人を痛めつけては寝ることはできない）。」という言い伝えがある（大田昌秀『沖縄のこころ』）。『沖縄のこころ』を著した大田さんは、軍命で鉄血勤皇隊員とされ、アメリカの沖縄侵略戦争、日本の本土防衛の捨て石作戦の沖縄戦争を戦い、沖縄の同胞《はらから》をアメリカ軍、日本軍に虐殺されるという経験をされ、後年、米軍基地の撤去、アメリカの沖縄撤退を求め、平和運動に生涯を捧げられた。知事在職中に建立した「平和の礎《いしじ》」には、沖縄戦で犠牲になった沖縄県民、アメリカ兵、日本兵全て二〇万以上の名前が刻まれている。私は、沖縄県民が大田さんのように生き、また現に生きていることを知っている。沖縄県民はアメリカの沖縄植民地支配に抗して、反米・反米軍基地運動を闘った。その闘いは、事実として、反植民地主義運動、沖縄解放・独立運動と、歴史に刻まれるべきものである。アメリカの沖縄植民地支配、米軍政の弾圧に抗して、沖縄の独立、自由、人権、尊厳、土地、環境を守る不屈の闘いを続けてきた県民に、私は心から手を合わせ、頭を垂れる。

「何事をも感じなかった者は何事も学ぶことはできません。そういう人間は過誤から過誤へとさ迷うだけ…」とルソーは言っている。アメリカ国民と、辺野古新米軍基地建設を強行する人々、それを坐視する人々――自公両党の国会議員をはじめとする本土日本人は、「沖縄のこころ」を感じてもらいたい。

「正義とは、万人に対して彼にぞくするものを得させること（ローマ法）」であり、ルソーは「人類に対する愛は、われわれにおいては正義への愛に他ならない」と言っている。「正義がもたらす最大の果実は心の平静である（エピクロス）」、「正しくあれ、そうすればおまえは幸福になろう（ルソー）」も、人の向かうべき生き方と、その結果得られるものを教えている。人は正義を実現すべく生きねばならないのだと、私は信じている。

正義・平和・民主主義憲法

人は誰もひとしく、生まれながら自由に自己の能力を発揮して幸せに生きる権利をもっている。私達は、この権利を保障するため、「正義・平和・民主主義憲法」を制定する。

(1)　正義の実現

この憲法は、人が生まれながらにもつあらゆる人権を、ひとしく保障する正義の憲法である。

(2)　平和の実現

人は平和のうちに生きる権利をもっている。戦争は人の生命、人権を破壊するから、一切の戦争を禁止するのみならず、戦争の手段を準備することも禁止する。私達の共同体（共同体とは、主権をもつ領域内に住む人、人民で構成される組織体。共同体員の要件は、一定期間、領域内に居住する人で、国籍を問わない）は独立し、主権をもち、外国軍隊の駐留を認めず、またいかなる国とも同盟を結ばない。いかなる人、集団、国家も私達の領域内で兵器を製造、使用し、また兵器を持ち込み、保有、貯蔵すること、兵器の域内通過など全てを禁止する。

(3)　民主主義・人民主権政治の実現

近代の市民革命以降、世界各国の憲法で人権の保障が掲げられながら、人権は守られていない。人権の抑圧、破壊は、権力を集積、集中する個人、集団、国家による専制政治によってもたらされる。自然法思想に由来する自然権として、早くに自由権、平等権が基本的人権として確立した。参政権も基本的人権の主要な一つとされながら、代議制（間接民主制）の採用によって、大多数の人民はこの権利を実質奪われている。代議制は選挙によって選ばれた代表者が最終的に意思決定を行う制度であるから、議員以外はその意思決定に直接関わることが出来ない。この憲法は、参政権を全ての人権の基礎となる平等権に照らし、代議制ではなく直接民主制を採ることで、この権利を全ての人に実質保障して、人民主権・真の民主政治、民主主義を実現する。人民主権を確保するため、政治決定は人民投票、住民投票によって最終の意思決定をする。

第一章　人民の権利と義務

第一条【生存権・幸福に生きる権利】

人はみな、人として尊重され、幸福に生きる権利をもつ。

第二条 ［平等権、すべての人権の享有］

すべて人は平等であり、すべての人権を等しく享有する。王族、皇族、華族などあらゆる貴族制度は認めない。（天皇制は天皇、皇族の平等権、自由権、参政権、幸福追求権などの基本的人権を奪うものであるから認めない。天皇制に関わる元号制は廃止し、西暦を採用する。）

第三条 ［個人の尊重］

すべて人は、かけがえのない個人（実存）として尊重される。

第四条 ［精神の自由］

自由とは、人は他人を害しないすべてをなし得ることをいう。思想および良心の自由、表現の自由、学問の自由、集会、結社の自由、信教の自由、結婚の自由、性別選択の自由、姓選択の自由、通信の秘密など精神の自由を保障する。

第五条 ［恐怖からの自由、平和的生存権］

人はあらゆる権力・暴力の恐怖からの自由を有する。他者を害する権力の行使、暴力を禁止する。人は、戦争や武力紛争、その手段となる軍隊、武器、兵器の存在することから生まれる恐怖からの自由をもつ。世界から軍隊及び核兵器・化学兵器・細菌兵器などの大量破壊兵器をはじめ、全ての武器・兵器が廃棄されねばならない。原子力発電所は原爆製造に必要なプルトニウムを産み出し、またプルトニウムそのものも強力な殺傷力をもつ兵器となるから廃棄する。また人は、地震・地震による津波、台風、集中豪雨による風水害、火山噴火など自然災害の恐怖からの自由を有する。【説明——東北三陸地方では、明治三陸津波（一八九六）、昭和三陸津波（一九三三）など大津波の被害をうけて、高地への移住、堤防の構築などの対策がとられた。二〇一一年三・一一津波発生の際、高地に移住していた住民は被害を免れた。一方、堤防に頼った住民は海岸線に設置されていた約三〇〇キロメートルの防潮堤のうち約一九〇キロメートル（東洋一を誇っていた大防潮堤を含む）が破壊され大被害を蒙った。その後、高地への移住、防潮堤の構築・低地への移住という対策がとられたが、後者の二つの対策の採用によって大津波に対する恐怖は続く】人は、病気や死の恐怖からの自由をもつ・難病、世界的に蔓延《まんえん》する疫病などを予防、克服する医療・介護の保障がなされねばならない。

第六条［欠乏からの自由］
人は皆《みな》、欠乏からの自由をもつ。共同体は、食・住・衣など健康で文化的な生活を営む権利を保障する。

第七条［人身の自由］
①何人も、いかなる奴隷的拘束も受けない。また、犯罪に因《よ》る処罰の場合を除いては、その意に反する苦役に服させられない。
②何人も、法律の定めるところによらなければ、自由を奪われ、又はその他の刑罰を科せられ

ない。
③何人も現行犯として逮捕される場合を除いては、権限を有する司法官憲が発し、且つ理由となっている犯罪を明示する令状によらなければ逮捕されない。
④何人も、理由を直ちに告げられ、且つ、直ちに弁護人に依頼する権利を与えられなければ、抑留又は拘禁されず、要求があれば、その理由は直ちに本人及びその弁護人の出席する公開の法廷で示さなければならない。
⑤何人も、その住居、書類及び所持品について、侵入、捜索及び押収を受けることのない権利は、現行犯の場合を除いては、正当な理由に基づいて発せられ、且つ捜索する場所および押収する物を明示する令状がなければ、侵されない。捜索又は押収は権限を有する司法官憲が発する格別の令状により、これを行う。
⑥すべて刑事事件の取り調べにおいて、被疑者の人権を守るため、また取り調べ官の不正を防ぐため、取り調べの全過程の録音・録画を義務づける。この記録は裁判の基礎証拠として採用する。
⑦公務員による死刑、拷問、及び残虐な刑罰は絶対にこれを禁じる。
⑧すべて刑事事件においては、被告人は、公正な裁判所の迅速な公開裁判を受ける権利を有する。

⑨刑事被告人は、すべての証人に対して審問する機会を充分に与えられ、又、公費で自己のために強制的手続により証人を求める権利を有する。
⑩刑事被告人は、いかなる場合にも、資格を有する弁護人を依頼することができる。被告人が自らこれを依頼することができないときは、共同体でこれを付する。
⑪何人も自己に不利益な供述を強要されない。強制、拷問若しくは脅迫による自白又は不当に長く抑留若しくは拘禁された後の自白は、これを証拠とすることはできない。
⑫何人も、自己に不利益な唯一の証拠が本人の自白である場合には、有罪とされ、又は刑罰を科せられない。
⑬何人も、実行の時に適法であった行為又は既に無罪とされた行為については、刑事上の責任を問われない。又同一の犯罪について、重ねて刑事上の責任を問われない。
⑭何人も、抑留又は拘禁された後、無罪の裁判を受けたときは、法律の定めるところにより、共同体はその補償をする。

第八条［よい教育を受ける権利］

すべて人はひとしく、自由に自己の能力を発揮して幸せに生きる権利の実現を可能にする教育を受ける権利を有する。この教育は無償とする。

第九条［労働の権利・労働条件の基準］

①すべて人は労働の権利を有す。子どもを酷使してはならない。
②人が健康で文化的な生活を営みうる賃金、安全、就業時間、休息その他の労働条件を法律で定める。

第十条［労働者の団結・団体交渉・団体行動権］

すべて労働者はひとしく、すべての職業において、労働条件および経済条件を維持しかつ改善するために団結する権利、団体交渉、その他の団体行動をする権利を有する。

第十一条［請願権］

何人も法律、命令又は規則の制定、廃止または改正、損害の救済その他の事項に関し、請願する権利を有す。共同体は法律で定める一定数の請願があれば、民主会で受理し、民主会は法律に基づいて適切に対処する。

第十二条［共同体及び自治体の賠償責任］

何人も共同体又は自治体の不正行為により損害を受けたときは、法律の定めるところにより、共同体又は自治体にその賠償を求めることができる。

第十三条［新しい諸権利］

①環境権――人は安全、快適な環境で生活する権利を有する。環境の改造については、まず第一に関係自治体住民に改造の計画を公表し、次いで関係する自治体住民から無作為に選ばれ

た人々で構成する環境アセスメント会が厳正な評価をし、住民に対し十分な検討期間を置いて、住民投票を実施し、計画の賛否を問う。この住民投票で過半数の賛成が得られなければ環境の改造計画は撤回される。過半数の賛成が得られた場合は、人民投票によって改造の可否を決定する。

②プライバシーの権利――人はみな私生活をみだりに公開されない権利をもつ。また、人は自己に関する情報を管理する権利も有する。

③自己決定権――人はみな自己の人格にかかわることを自分で自律的に決定できる権利をもつ。

④知る権利――人は知る権利を有する。表現の自由、言論・出版の自由の下、人は表現された思想、情報などを知る権利をもつ。立法機関、政府・行政機関、司法機関、企業などはその活動を正しく記録して保存し、広く情報公開しなくてはならない。記録は法律によって適当な保存期間を定める。また人は情報開示を請求する権利があり、開示を請求された当事者は記録をありのままに、正しく、すみやかに公開する義務がある。

第十四条［人民の義務］

①人権尊重の義務――人は誰も、他者の人としての尊厳・人権を尊重し、これを侵害、破壊してはならない。

②納税の義務――人は能力に応じた納税の義務をもつ。能力に応じた課税は法律で決める。この法律は、高率の累進課税、適切な一定限度額以上の所得に対する徴収を定める。

【説明――一国の総所得（国民総所得＝ＧＮＩ）は、当該の国民・企業が国内で産み出した所得額に海外からの純所得を加えたものであり、国民総生産（＝ＧＮＰ）とほぼ等価である。有形のモノの生産から発生する所得も無形のサービスの生産から発生する所得も労働者の労働によって生じる（労働価値説）。これらの所得は本来労働者にぞくするものである。正義を「万人に対して彼にぞくするものを得させること」と定義すると、資本主義の社会体制の下で搾取をほしいままにする者から累進課税で税金を徴収することは正しいことになり、この憲法に掲げる「正義の実現」にかなう。】

③内部告発の義務――人は、共同体のあらゆる組織、あらゆる人間関係において、不正、不法、不当、差別などが存在することを認識した時は、公の機関に告発しなければならない。不正、不法、不当、差別などを看過すれば、人権侵害、犯罪事件を生じかねない。

④職務誠実遂行の義務――人、また公務に就く者は、その職務を誠実に遂行する義務をもつ。

第二章　民主会

第十五条［民主会の地位・立法権］

民主会は、共同体の唯一の立法機関である。法律案は両議院で可決し、人民投票にかけて過半数の賛成が得られたとき法律となる。

第十六条［二院制］

民主会は、正義院及び平和院の対等な両議院で構成する。

第十七条［民主会の組織・定数］

民主会は法律で定める年齢の人民から無作為に選出された議員でこれを組織する。無作為選出法で選ばれた議員候補は心身の故障、その他特別の合理的理由がある場合を除いて、議員の仕事につくこととする。両議院の定数は、法律でこれを定める。

第十八条［民主会議員の資格］

民主会議員の資格は公職選挙法で定めるが、共同体に一定期間居住する人民であることを基本とする。人種、国籍、信条、性、社会的身分、門地、教育、財産又は収入によって差別してはならない。

第十九条［民主会議員の任期・労働条件］

両議院の議員の任期を六年とし、三年ごとに議員の半数を改選する。ただし法を犯した議員、一定数の人民に解職請求された議員は解職される。議員の労働条件は、労働基準法に定める一般労働者の労働条件と等しく、給与は一般労働者の平均賃金と同等にする。

第二十条 【民主会の予算制定】

民主会は毎年一回、予算制定のための議会を開く。

第二十一条 【民主会の臨時会】

民主会は総議員の四分の一以上の要求、人民の十分の一以上の要求があれば、臨時会を開いて審議しなくてはならない。

第二十二条 【定足数・表決】

両議院は各々その総議員の二分の一以上の出席がなければ、議事を開き議決することが出来ない。両議院の議事は出席議員の過半数でこれを決する。

第二十三条 【会議の公開・会議録・表決の記載】

両議院の会議は公開とする。両議院は各々その会議の記録を保存し、これを公表し、且つ一般に頒布しなければならない。各議員の表決は、これを議事録に記載しなければならない。

第二十四条 【民主会の行政参与】

民主会は主権を有する人民の意志を正しく集約して、行政の執行に参与する。両議院は各々、省庁の行政に参与するため、適当な人数の委員を選任する。選任された委員は当該省庁の参与として、公務員と協働して行政に当たる。

第二十五条［民主会による一般行政事務以外の事務］

民主会は、一般行政事務の外、次の事務を行う。

①外交関係を処理する。

②条約を締結する。

③法律の定める基準に従い、公務員に関する事務を処理する。

④予算を作成して審議し、公表する。

条約の締結と予算については、人民に提案してその承認を得なければならない。この承認には、人民投票で過半数の賛成を必要とする。

第三章　司法

第二十六条［司法権・裁判所・裁判の公開・裁判員の独立］

①すべての司法権は、人民裁判所及び広域自治体裁判所及び自治体裁判所に属する。特別裁判所は、これを設置することができない。

②裁判の対審及び判決は、公開法廷で行なう。
③すべて裁判員は良心に基づいてその職務を誠実に行う。

第二十七条【裁判員】

①裁判員は、法律で定める年齢の人民を無作為選出法で候補者を選び、選ばれた候補者は心身の故障、その他特別の合理的理由がある場合を除いて、その仕事につくこととする。
②裁判員は裁判により、心身の故障のために職務を勤めることができないと決定された場合と、一定数の人民による解職請求があった場合は解職される。
③裁判員の任期は五年とする。裁判員はすべて定期に報酬を受けるが、その額は一般労働者の平均賃金額に準じる。

第二十八条【違憲立法審査権と人民裁判所】

裁判所は一切の法律、命令、規則又は処分が憲法に適合するかしないかを決定する権限を有する。人民裁判所は違憲立法審査権限を有する終審裁判所である。人民裁判所がこの権限に基づいて判決を出す際に裁判員に反対意見があった場合は、人民投票にかけ、判決に賛成が過半数であれば判決が成立し、反対が過半数あれば、裁判をやり直す。

第四章　財政

第二十九条〔財政の理念〕
財政は、この憲法が目指す正義の実現、平和の実現、民主主義・民主政治の実現のためのものではなくてはならない。財政は健全財政を基本とする。

第三十条〔財政処理の基本原則〕
共同体の財政を処理する権限は、民主会の議決に基づいてこれを行使しなければならない。

第三十一条〔課税〕
あらたに租税を課し、又は現行の租税を変更するには、法律又は法律の定める条件によることを必要とする。

第三十二条〔共同体費の支出及び共同体の債務負担〕
共同体費を支出し、又は共同体が債務を負担するには民主会の議決に基づくことを必要とする。

第三十三条〔予算〕
毎会計年度の予算は、民主会財政係りが予算を作成し、民主会に提出してその審議を受け、議決を経て、人民投票にかけ過半数の賛成をえて成立する。

第三十四条〔予備費〕

予見し難い予算の不足に充てるため、民主会の議決に基づいて予備費を設ける。すべて予備費の支出については、民主会の議決を得て後、人民投票で過半数の賛成を得ることを要す。

第三十五条〔公の財産の民間団体への支出禁止〕

公金その他の公の財産は、民間団体へ支出してはならない。また、その利用に供することも禁止する。

第三十六条〔決算検査・会計検査院〕

①共同体の収入支出の決算は、すべて毎年、会計検査院がこれを検査し、民主会財政係りは次の年度にその検査報告とともにこれを民主会に提出する。

②会計検査院の組織及び権限は、法律でこれを定める。

第三十七条〔財政状況の報告〕

民主会財政係りは、民主会及び人民に対し、定期に少なくとも毎年二回、共同体の財政状況について報告しなければならない。

第五章　自治体自治

第三十八条〔自治体自治の本旨・基本原則〕

主権を有する自治体自治の本旨は、住民集会、住民投票に基づく住民自治、住民主権主義の民主政治である。自治体の組織及び運営は、自治体主権、住民自治の原則で組織、運営される。

第三十九条〔自治体の機関・議員〕

①自治体には、自治機関として自治会を設置する。

②自治会の議員は無作為抽出法で候補者を選び、選ばれた候補は心身の故障その他の特別の合理的理由がある場合を除いて、その勤めにつくこととする。

第四十条〔自治会の権能〕

自治会は自治体の財政を管理し、事務を処理し、及び行政を執行する権能を有し、憲法の範囲内で自治条例を制定することができる。自治会の政治活動全てにおいて、住民集会、住民投票による過半数の賛成を要す。

第四十一条〔特別法の住民投票〕

一つの自治体のみに適用される特別法は、法律の定めるところにより、当該自治体の住民投票においてその過半数の同意を得なければ、民主会はこれを制定することができない。

第六章　改正

第四十二条〔改正の手続〕

この憲法の改正は、人民の四分の一以上の要求により、民主会で審議し、改正案を人民に提案し、人民投票で過半数を得たら、一年後再び人民投票にかけて過半数を得た時、改正される。

第七章　最高法規

第四十三条〔最高法規・条約及び国際法規の遵守〕

この憲法は、共同体の最高法規であって、その条規に反する法律、命令、あらゆる組織の規則・行為は、その効力を有しない。この憲法が人民に保障する基本的人権は、先人達の不断、不屈の努力によって確立された。この憲法に定める基本的人権は、永久、不可侵の権利である。

すべて人は、この憲法を尊重し擁護しなければならない。また基本的人権の保障・確立、軍備を縮小・廃絶し世界平和の構築を目ざす国際法を、誠実に遵守しなければならない。私たちは、この「正義・平和・民主主義憲法」を不断に学校教育、社会教育等の場で学び、この憲法にこめられた理念の実現につとめなくてはならない。人は人権が保障され、平和が守られて、はじめて幸せに生きることができる。私たちは幸せに生きるために、この憲法を守り発展させていく。

注　釈

(1) 大江志乃夫『日本の歴史31戦後変革』小学館　六五頁
(2) 古関彰一・豊下楢彦『沖縄　憲法なき戦後』みすず書房　二五〇頁
(3) 西里喜行・他『沖縄県の歴史』山川出版社　二一九頁
(4) 西里喜行・他『沖縄県の歴史』山川出版社　一四五頁〜一四六頁
(5) 西里喜行・他『沖縄県の歴史』山川出版社　二七七頁
※注（5）以下の「　」の文章は、同書から引用させてもらったもので、（　）の数字は同書の頁です。
(6) 喜納健勇訳『沖縄戦　第二次世界大戦最後の戦い（アメリカ陸軍省戦史局編・一九四八）』

出版舎Ｍｕｇｅｎ

※注（6）以下の「　」の文章は、同書から引用させてもらったもので、（　）の数字は同書の頁です。
ただし注（7）は除く。
(7) 家永三郎『太平洋戦争』岩波書店　二一三頁
(8) 進藤榮一「分割された領土」（一九七九年）雑誌「世界」四月号
(9) 新原昭治「米政府安保外交秘密文書」朝日新聞（二〇二〇年一月一八日）
(10) 大江志乃夫『日本の歴史・第三一巻・戦後変革』小学館　一四七頁
(11) 青木理『日本会議の正体』平凡社　一四頁

(12)斉藤道雄『原爆神話の五〇年』中公新書（一九九五）一五〇頁
(13)冨永謙吾編『現代史資料・太平洋戦争』（一九七五）
(14)ゲイル、ハウザー『チェルノブイリ―アメリカ人医師の体験』岩波新書　一六頁
(15)斉藤道雄『原爆神話の五〇年』中公新書（一九九五）八〇頁
(16)伊藤栄樹『秋霜烈日・検事総長の回想』朝日新聞社（一九八八・七・一〇発行）
(17)古関彰一・豊下楢彦『沖縄　憲法なき戦後』みすず書房（二〇一八）二二頁
※以下の「　」の文章で（　）の数字は、同書を引用させてもらった箇所の頁の数字である。
(18)佐野眞一『沖縄　だれにも書かれたくなかった戦後史』
集英社インターナショナル（二〇〇三）六一三頁
(19)『世界大百科事典　第十巻』平凡社　一八九頁
(20)島川雅史『沖縄基地問題を知る事典』吉川弘文館　三七頁
(21)「毎日新聞」（一九九四年一〇月一二日）
(22)「朝日新聞」（一九八九年五月九日）
(23)「愛媛新聞」（二〇一四年三月一五日）
(24)ゲイル、ハウザー『チェルノブイリ―アメリカ人医師の体験』岩波新書　一九九頁
※以下（　）は頁数
(25)「愛媛新聞」（二〇二三年七月三〇日）

(26)「愛媛新聞」(二〇二三年四月一八日)
(27)青木理『日本会議の正体』平凡社 二九頁
(28)「愛媛新聞」(二〇一六年六月二〇日)
(29)「愛媛新聞」(二〇一六年六月二〇日)
(30)『アジア・太平洋戦争事典』吉川弘文館 三五〇頁
(31)「愛媛新聞」(二〇一六年六月十九日)
(32)古関・豊下『沖縄 憲法なき戦後』みすず書房 二五〇頁
(33)古関・豊下『沖縄 憲法なき戦後』みすず書房 二五〇頁
(34)西村熊雄『日本外交史 二一巻 サンフランシスコ平和条約』鹿島研究所出版会 一八三~一八四頁
(35)『朝日20世紀クロニクル 第五巻』朝日新聞社 一四頁
(36)大田昌秀『沖縄のこころ』岩波新書 一一頁
(37)田畑茂二郎『国際化時代の人権問題』岩波書店 二四六頁
(38)古関・豊下『沖縄 憲法なき戦後』みすず書房 二六二頁
(39)「しんぶん赤旗」(二〇二三年三月四日)
(40)NHK特集「戦いそして死んでいく、沖縄戦・米兵の肉声」(二〇二三年六月二五日)
(41)『沖縄 憲法なき戦後』二四五頁
(42)「小倉侍従日記」文芸春秋(二〇〇七年四月号)一五六頁

(43)『最新日本史図表』第一学習社　二三九頁より、武田読み取り
(44) 加藤恭子『こんなアメリカを知っていますか』中央公論社（一九八九年）一八一頁
(45) 古堅実吉『命かじり』

◎多くの著書・新聞など、特に、『沖縄県の歴史』・『沖縄戦　第二次世界大戦最後の戦い』・『沖縄　憲法なき戦後』に教えてもらい、また無断で引用させてもらいました。「無からは何ものも生じない」のであって、私の書いたものも、多くの人の力をかりたものです。心よりお礼申し上げます。（武田）

おわりに

正義がもたらす最大の果実は、心の平静である。（エピクロス）

――アメリカ政府・国民と日本政府・本土日本人へ――

「アメリカの沖縄侵略・植民地支配と日本政府・本土日本人の沖縄差別」を書き始めた一昨年二月、ミャンマーで軍部がクーデターを起こし、独裁政権をたてた。民主派政権を支持してきた国民は、公務員をはじめ命がけの軍政拒否の広範な反政府運動を開始した。私はその時、本土の日本人も辺野古埋め立て撤回の反政府運動に立ち上がるべきだと書いた。辺野古埋め立てを一刻も早く中止・撤回させるために書かねばと思いながら、筆はなかなか進まなかった。昨年には、プーチン独裁ロシアがウクライナ侵略戦争を起こした。今年八月にやっと書き上げた後、一〇月にはイスラエルのパレスチナ侵略戦争が起こり、軍事力を誇るものが「力は正義なり」と国際法、人道にそむく暴虐を行っている。

『時々の意見・日本近現代史・民主主義』で書いたように、代議制（大統領制・議院内閣制）は民主制（民主政）ではありえなく、独裁政治（専制政治）に陥る。権力は権力そのもの自体が不正義なので、独裁権力は絶対的に不正義をなす。プーチン大統領のロシアがウクライナ侵略を企て、ネタニエフ首相のイスラエルがパレスチナ侵略に狂奔するのは独裁政権の故である。辺野古新米軍基地建設の強行は、自公連立政権が独裁政権であることを表している。

私は四〇歳を過ぎる頃から、自分の考えは正しいと思うようになった。年を経るごとに、その思いは強くなっている。この「アメリカの沖縄侵略・植民地支配」の考えも正しいと信じて書いた。そして、人がこの一文を読んでくれたら、私の考えを理解し同意してくれるだろうと考えている。今日の沖縄の在日米軍基地問題は、沖縄戦に始まるアメリカの沖縄侵略・植民地支配に基因するものである。

アメリカの沖縄侵略・植民地支配は、広島・長崎への原爆投下とともに、アメリカが第2次世界大戦で犯した国際法に反する戦争犯罪である。アメリカはその責任を認め、謝罪と償いをすべきと批判して書いた。私は自分の考えを日米両国民に読んでもらうつもりで書いたのだが、アメリカが私の論考に対して反論したり、無視することはないと信じている。

「正義・平和・民主主義憲法」は、一言で言えば、「正義を求める憲法」と言えよう。「直接民主政治」については、前著の『時々の意見・日本近現代史・民主主義』で書いている。私が書いた小説の読者で、私の思いを超えるほどに感じてくれ、批評を書いてくれた人がいるが、この人が『時々の意見・日本近現代史・民主主義』を読んで、直接民主政実現には革命が必要と書いている。代議制から直接民主制への転換は、確かに「革命的」なことである。一八世紀にルソーが唱えた「直接民主政治」は、人民（国民）投票・住民投票によって最終意思決定する政治制度であるが、ルソーが自らをジュネーブの市民と記したスイスでは、すでに一一世紀からカントン（州）において行われていたし（全住民参加による住民集会で意志決定）、一九四八年制定のスイス連邦（二三のカントンからなる連邦）憲法において、各カントンが主権をもち、国民投票・住民投票によって意志決定する直接民主政が定められている。日本国憲法には、憲法改正の国民投票が定められているが、憲法は代議制をとり、直接民主制をとるものではない。しかし、憲法にもとづかないためその結果が法的に確立することはないが（スイスでは住民投票の結果が法的効力をもつ）、普天間基地の辺野古移設の是非を問う沖縄県民投票（二〇一七年）や、原子力発電所建設計画の是非を問う新潟県巻町住民投票（一九九六年）などが実施されている。

近代民主政治の基本原理の一つとされる代議政治の原理は、イギリス革命、アメリカ独立革命、フランス革命など市民革命によって確立された。市民革命は絶対王政の専制君主制を打倒し、人民主権の、人民の代表が政治をすることを実現した。市民革命は、ロックやルソーなど多くの啓蒙思想家が専制君主制を批判し、人民主権制の政治にすべきことを説いたことで、市民が立ち上がり成就したものである。現在、多くの国で採用されている代議制を直接民主制に変えることが、真の人民主権主義、民主政治、正義の実現になることをより多くの人が認識すれば、直接民主政治が実現する。代議制の議会主権の下、国会議員や地方議員が自らのもつ特権を無にする直接民主制を拒絶するのは目に見えている。政策決定を国民投票、住民投票によってなせという国民世論は強い（「重要政策の決定に国民投票のような形で意見を聞くことに八二％が賛成——一九九六年七月実施の朝日新聞世論調査」）。より多くの国民が政治、民主主義を学んで、行動を起こせば、直接民主主義は実現する。直接民主政治は正義であるから、その実現に向けて進まねばならない。

無からは何ものも生じない。私のこの本も、限りなく多くの人の力によって出来た。アメリカの沖縄侵略戦争、日本政府による本土防衛の捨て石作戦の「沖縄戦」を、沖縄を守るためにたたかい、アメリカ軍・日本軍によって殺された沖縄の人々、何の武器も持つでない、ただ沖縄に生きていたという理由で殺害された赤児から老人に至る沖縄の人々。アメリカの植民地支配に抗してたたかい、沖縄の生命、人権、尊厳を守るために不屈の運動を貫いた沖縄の人々。一九七二年以後も変わらぬアメリカの沖縄支配に立ち向かい、真の沖縄主権を確立するためにたたかう沖縄の人々。沖縄の人々が、私にこの一文を書かせてくれました。畏敬する沖縄県民に心から感謝申し上げます。

永年、資料や助言をはじめ、色々御援助いただいた田中明治・喜美子御夫妻、資料を探し出し原稿用紙まで提供してくれた東温九条の会の水野義次さん、愛媛県から沖縄に移住して反米軍基地闘争に加わり、沖縄、日本、世界の視点から書かれたレポート「やんばるのすわりこみ日記」を毎月送っていただいた山本翠さんに御礼申し上げます。

今回も事項を検索し、多くの書籍、新聞などの資料を提供していただいた愛媛県立図書館、東温市立図書館、四国中央市立図書館員の皆さんの御助力がなければ、この本は完成までにまだまだ時間を要しました。心より御礼申し上げます。また前三冊につづいて、無理なお願いを聞き入れていただき出版していただいた創風社出版大早友章・直美御夫妻に御礼申し上げます。最後に、私の下手な字を美しい活字に変え、印刷、製本していただいた方々に心から御礼申し上げます。

（二〇二三年、十二月十二日）

武田 博雅（たけた ひろまさ）

1944 年　愛媛県越智郡朝倉村（現今治市）に生まれる
1975 年　教職につく
（香川県の私立学校で中学・高校生に社会を教える）
1999 年　小説集『沈黙（「嘘をいわん子」「沈黙」の二作品を収録）』出版
2005 年　定年退職
2010 年　長編小説『だんだん』（創風社出版）出版
2015 年　『時々の意見・日本近現代史・民主主義』（創風社出版）出版

住所　〒 791-0212 愛媛県東温市田窪 3008-1

アメリカの沖縄侵略・植民地支配と
日本政府・本土日本人の沖縄差別

2024年5月3日 発行　定価＊本体 1400円＋税
著　者　武田　博雅
発行者　大早　友章
発行所　創風社出版
〒 791-8068 愛媛県松山市みどりヶ丘９－８
TEL.089-953-3153 FAX.089-953-3103
振替 01630-7-14660 http://www.soufusha.jp/
印　刷　㈱松栄印刷所

 ISBN 978-4-86037-343-6